安倍政治 100のファクトチェック

南彰 Minami Akira
望月衣塑子 Mochizuki Isoko

a pilot of wisdom

目次

第三章　安全保障法制　129

第五章　官房長官会見　219

おわりに

はじめに

本書は、第2次安倍政権発足後の安倍晋三首相や閣僚、与野党の国会議員や官僚らによる主に国会で出たさまざまな発言について、各種資料から事実関係を精査し、正しいかどうかを確認・評価したものです。こうした検証作業は「ファクトチェック」と呼ばれ、新たなジャーナリズムの手法として注目されています。

本書でのチェック項目は総計で100にのぼりました。第一章は「森友・加計学園問題」、第二章は「アベノミクス」、第三章は「安全保障法制」、第四章は「憲法・人権・民主主義」、第五章は「官房長官会見」と分野ごとに章立てしています。正しければ○、部分的に正しくても誇張があったり本質からずれていたりすれば△、間違いは×の三段階です。チェックには、国会の議事録や会見記録、報道機関が掲載した公文書の内容やインタビュー記事など、だれでもアクセスできる公開情報を使いました。

執筆にあたり振り返ってみますと、政権側は、虚偽を織り交ぜた発言をいくつも重ねていることがわかります。安倍政権に特徴的なのは、首相や閣僚によるメディアへの敵対的な発言が多いことです。彼らは一部報道について「フェイク」と主張しますが、それこそがフェイクです。

たとえば、安倍首相が２０１７年10月の党首討論会で「朝日新聞は、……八田〈達夫・国家戦略特区ワーキンググループ座長〉さんの報道もしておられない」「アリバイづくりにしかしておられない」などと述べたうえで、「国民の皆さん、新聞をよくファクトチェックしていただきたい」と呼びかけました。これはニュース映像でも何度も流れました。批判したいという思惑と熱意は伝わってきましたが……残念。詳しくは本書の82～83ページをお読みください。国民まかせにせず、自ら「ファクトチェック」していればわかる間違いでした。

また、私が17年6月以降、定例会見に通っている菅義偉《すがよしひで》官房長官も「ここは質問に答える場所じゃない」「事実に基づいて質問してください」といった答弁を連発するようになっています。記者の質問は、事実関係の確認作業です。ところが、質問そのものを「フェイク」と決めつけて、答えずに逃げているのです。

意図しない一言や、事実ではない発言を取り繕うため、後に別の「嘘《うそ》」で上塗りする場面も見られます。本書を読み進めていただければ、森友・加計問題や日報問題など、ニュースで見たり聞いたりしたことのある言葉も見つかると思います。

森友の公文書改竄《かいざん》をめぐっては、麻生太郎財務大臣は17年4月に「会計検査院の方で必要とするような文書……はきちんと残しておる」と国会で答弁しました〈本書26～27ページ参照〉。

それから約1年後、朝日新聞のスクープ報道により、14もの決裁文書で約300カ所もの改竄が発覚しました。「交渉記録を破棄した」という麻生氏や佐川宣寿《のぶひさ》理財局長（当時）の答弁は計54回にも及んでいましたが、これらも虚偽と判明しました。

本書を手にとられた皆さまは、ぜひ「あのときの発言はフェイクか否か」という視点で、それぞれ思い出しながら読んでみてください。

過去の歴史からひもとくまでもなく、時の為政者・権力者がその発言に虚偽を混ぜるのには理由と動機があります。100のファクトチェックからその狙いを分析し、考えていく契機にしていただければ幸いです。

２０１８年11月7日　東京新聞　望月衣塑子

第一章　森友・加計学園問題

CHECK
1

民進・福島伸享氏

土地を買う値段もおかしければ、設置の認可の状況でもおかしい。あえて言いますけれども、この小学校の名誉校長とされているのが安倍昭恵先生という方で、安倍晋三内閣総理大臣夫人と書いております。この理事長の籠池先生の教育に対する熱い思いに感銘を受け、このたび名誉校長に就任させていただきましたと〔書いてある〕。この事実、総理は御存じでしょうか。

安倍晋三首相

うちの妻が名誉校長になっているということについては承知をしておりますし、妻から森友学園の先生の教育に対する熱意はすばらしいという話を聞いております。ただ、誤解を与えるような質問の構成なんですが、私や妻がこの認可あるいは国有地払い下げに、もちろん事務所も含めて、一切かかわっていないということは明確にさせていただきたいと思います。もしかかわっていたのであれば、これはもう私は総理大臣をやめるということでありますから、それははっきりと申し上げたい、このように思います。

2017年2月17日の衆院予算委員会

△決裁文書などに首相夫人に関する記載——安倍晋三首相

大阪の学校法人「森友学園」への国有地売却問題について、安倍首相が直接質問を受けた際のやりとりだ。この時点では、首相の妻・昭恵氏は森友学園が設立予定の小学校の名誉校長を続けていたが、首相は学校設置認可や国有地払い下げへの関与を完全否定。もし関与していたら、「総理大臣をやめる」と断言するほど強気だった。

ところが、学園の籠池泰典《かごいけやすのり》理事長が２０１７年3月の証人喚問で、15年秋、昭恵氏に国有地の賃貸条件について相談し、財務省への問い合わせ結果を首相夫人付の政府職員からファクスで受け取っていたことを明らかにした。

首相は照会の内容について「ゼロ回答であり、忖度《そんたく》していないことは明らか」と主張したが、最終的に16年6月に払い下げられた際の学園の負担額は値引きや分割払いなどを駆使し、籠池氏の要望していた水準になっていた。また、財務省の決裁文書や交渉記録には昭恵氏に関する記載があった。

首相側近の今井尚哉《たかや》首相秘書官も18年6月号の月刊誌「文藝春秋」で「交渉の過程で名前があがっていたのは事実ですから、無関係とは言えません」と認めた。首相も後に「今まで政治の世界において大きな問題になってきた贈収賄では全くない。そういう文脈の中において『一切かかわっていない』ということを申し上げている」と「かかわり」の定義を限定した。

CHECK
2

共産・宮本岳志氏　近畿財務局が昨年6月に売買契約を締結した国有地の売却に関する交渉記録、あるいは面会記録、これは全て残っておりますね。

佐川宣寿財務省理財局長　昨年6月の売買契約の締結に至るまでの財務局と学園側の交渉記録につきまして、委員からの御依頼を受けまして確認しましたところ、近畿財務局と森友学園の交渉記録というのはございませんでした。

宮本氏　いつ廃棄したんですか。

佐川局長　面会等の記録につきましては、財務省の行政文書管理規則に基づきまして保存期間1年未満とされておりまして、具体的な廃棄時期につきましては、事案の終了ということで取り扱いをさせていただいております。したがいまして、本件につきましては、平成28年6月の売買契約締結をもちまして既に事案が終了してございますので、記録が残っていないということでございます。

宮本氏　驚くべき答弁ですね。6月20日に売買契約を交わしたら、その日のうちに処分したということですか。そんなのは国民は全く納得できないですよ。

佐川局長　今申し上げましたように、売買契約締結をもって事案が終了しているということなので、当日、その日かどうかは別にしても、速やかに事案終了で廃棄をしているということだと思いますので、記録は残ってございません。

2017年2月24日の衆院予算委員会

×職員の「手控え」として残っていた——佐川宣寿《のぶひさ》財務省理財局長

森友学園との一連の交渉経過の書類について、財務省は２０１７年２月24日の国会答弁から「事案終了で廃棄した」と主張。２日前に佐川理財局長と協議していた菅義偉《すがよしひで》官房長官もその答弁をなぞるように、「交渉記録が1年未満で廃棄される」と記者会見で説明した。

その結果、野党やメディアなどの開示要求を拒んできたが、大阪地検特捜部による捜査が進んでいた18年1月、財務省は情報公開請求に対し、近畿財務局の交渉担当者が16年3〜5月、法的なリスクなどを法務担当者に尋ねた「照会票」と、その回答を記した「相談記録」などを開示。18年2月には、森友学園が土地を買う前段で賃貸契約の交渉をしていた時期に近畿財務局で作成された文書20件、計約３００ページの存在を認め、国会に提出した。

さらに、18年5月には、学園側が近畿財務局に照会をかけた13年6月から売買契約を結んだ16年6月までの近畿財務局と学園側とのやりとりなどが記された２１７件、計９５７ページ分の交渉記録が国会に提出された。財務省は「手控えとして、職員が紙媒体で保管していたり、個人のパソコン端末に残されていたりした」と説明。「国会答弁で説明していたことが事実と異なっていたことについて、深くお詫び申し上げる」と謝罪した。参院事務総長によると、麻生太郎財務相と佐川氏が「廃棄」と虚偽答弁した回数は計54回に上った。

CHECK 3

共産・小池晃氏　〔総理は〕今回の国有地処分について与党議員から働きかけはなかったのかという質問に対して、一切なかったと答えています。本当になかったんですか。なぜ断言できるんですか。

安倍晋三首相　まず、私自身のことについては断言させていただいたとおりであります。（中略）ほかの議員につきましては私はそう聞いていると、このように申し上げたわけでありまして、それは理財局から聞いているということでございます。

小池氏　面談記録は破棄しているんでしょう。何が根拠なんですか。

佐川宣寿財務省理財局長　本件のその土地処分につきまして、そういう不当な働きかけというものは一切ございませんでした。その理由ということでございますれば、平成24年の閣僚懇談会で申し合わせました「政・官の在り方」においては、国会議員との接触のうち、個別の行政執行に関する要請、働きかけであって、政府の方針と著しく異なる等のため、施策の推進における公平、中立性が確保されないおそれがあり、対応が極めて困難なものにつきましては、大臣等に報告をした上で記録を保存することになってございます。ただ、本件につきましては、そういう不当な働きかけは一切なかったことでございまして、そうした記録は保存されていないということでございます。

2017年3月1日の参院予算委員会

△記録なしは証明にならず——佐川宣寿財務省理財局長

安倍首相は文書を「破棄」したという虚偽答弁が始まった2017年2月24日の衆院財務金融委員会で「本件の土地処分について、不当な働きかけについては一切なかったというふうに報告は受けている」と答弁。佐川氏も「不当な働きかけというものは一切ございませんでした」と首相に足並みをそろえた。

野党はその根拠を問いただしたが、政府はそこで「記録は保存されていない」という虚偽答弁を根拠に使った。

しかし、16年に発覚した当時の甘利《あまり》明経済再生相の事務所が関与した道路用地の補償交渉をめぐる現金授受問題でも、国土交通省や環境省は接触記録を残していなかった。記録がないことは政治の働きかけがなかったことの根拠にはならない。

根拠に乏しい言説で「一切なかった」と否定してきたが、結局、財務省が隠蔽していた交渉記録には、首相の妻・昭恵氏の名前のほか、麻生派の重鎮である鴻池祥肇《こうのいけよしただ》・元防災担当相の事務所とのやりとりなどが記載されていた。

CHECK
4

立憲民主・枝野幸男代表

この法律相談の記録のやりとりは「理財局」として出してきました。理財局が法務担当と省内でやりとりをしていたんでしょう。１年前だってわかっていて、出そうと思えば出せたんですよ。国民の皆さんに、「こういう文書があります」ということをしっかりと最大限開示をして、その中で納得してもらおうという意欲があったら、１年前に出せたものを出さなかった責任者が佐川局長だったわけです。違いますか。

麻生太郎財務相

少なくとも、私どもは交渉記録についての請求を受けていたんだと記憶をいたしております。したがいまして、それに基づいて、私どもは、交渉記録に関しましては〔保存期限が〕１年未満という規則でありますので、そのとおりにされていたということを申し上げ、何の虚偽もありません。

2018年2月14日の衆院予算委員会

×「交渉記録」と限定していない請求も――麻生太郎財務相

2018年1月に「法律相談文書」の開示が始まった時点では、麻生財務相は「(残っていたのは)法律相談の文書でありまして、破棄をしたというのは応接メモとか記録メモ」(18年2月14日の衆院予算委員会)と区別しようとした。

これに対し、立憲民主党の枝野幸男代表が「出そうと思えば出せた」と責任を追及したが、麻生財務相は、請求されていたのは「交渉記録」と限定をかけて、文書を出さなかった対応を正当化しようとした。

しかし、野党側は17年2月の問題発覚以降、「交渉記録」に限定せず、森友学園問題に関する一連の文書を幅広く開示するよう求めてきた。たとえば、同年3月2日の参院予算委員会では福山哲郎氏(当時民進党)が「決裁文書は文書として残っている」という政府側の答弁を踏まえ、「森友学園にいわゆる関係する一連の財務省内での、もちろん近畿財務局も含めてですが、一連の決裁文書と関連文書をこの予算委員会に提出していただくように要求をさせていただきたい」と発言。その後、参院予算委員会の理事会でその取り扱いが協議された。

CHECK
5

民進・大塚耕平氏

一部の文書を廃棄して一部だけは残しているという対応は、これは私の理解では法律違反だと思いますし、また、そういうことが横行するようになると、政府あるいは行政機関の在り方として緩みに通じるが、見解を伺いたい。

麻生太郎財務相

基本的にこのかかる行政文書に関しては、残されている、例えば会計検査院の方で必要とするような文書の段から決裁文書の保存期間30年とかそういったもの、規則に定められたものどおりはきちんと残しておる（中略）少なくとも今の段階で大蔵省〔ママ〕内の行政文書管理規則に基づいて対応してきたんだと思っております。

2017年4月25日の参院財政金融委員会

✕ 会計検査院が不備を指摘、内容の改竄も――麻生太郎財務相

森友学園に関する文書を「廃棄」したという答弁をめぐっては、麻生財務相は2017年の通常国会で、「会計検査院の方で必要とするような文書はきちんと残しておる」と述べ、財務省の対応に問題がなかったことを主張しようとした。

ところが、会計検査院は17年11月に公表した報告書のなかで、「管理処分調書等を含む本件土地に係る決裁文書等の行政文書では、本件土地の売却に至る森友学園側との具体的なやり取りなどの内容や、有益費の確認、支払等に関する責任の所在が明確となっていない」ことなどを挙げ、「会計経理の妥当性について検証を十分に行えない状況」と書類の不備を指摘した。

さらに、18年3月には国会に提出していた決裁文書が改竄されていたことが朝日新聞の報道で発覚。財務省は14の決裁文書で約300カ所もの改竄を行っていたことや、会計検査院の検査にも改竄後の文書を提出していたことを認めた。「きちんと残しておる」と語るにはほど遠い状況だった。

CHECK 6

民進・篠原豪氏

実はデータはたまっているんじゃないかというふうに思いました。私が思うに、文書は手書きじゃないと思いますので、メモというものはワードか何かでもしかしたらためているのかもしれない。防衛省の話じゃありませんけれども、それはサーバーにあるのかもしれない。いま一度調べて、それが国民の皆さんに説明がつくようなものであればそれはいいことでありますので、理財局長、いかがでしょうか。

佐川宣寿財務省理財局長

私ども、行政文書は、紙もパソコン上のデータも同様の取り扱いにしてございます。紙の方は、先ほど申しましたように、さまざまな不要になりました紙はそういうことで処理をしてございます。パソコン上のデータも、今ちょっと手元にございませんが、前に一度お答えしたことがございますが、短期間でそこは自動的に消去されて復元できないようなシステムになってございますので、そういう意味では、パソコン上にもそういうやりとりみたいなデータは残っていないということでございます。

2017年4月3日の衆院決算行政監視委員会

×自動的に消去する仕組みはない――佐川宣寿財務省理財局長

森友学園との交渉経緯について「記憶にない」「文書は廃棄して存在しない」と主張する政府に対し、野党側は電子データに着目した。防衛省が「廃棄」したとしていた陸上自衛隊の日報が2017年2月、電子データが残っていたことをきっかけに一転開示になったことが野党側の念頭にあった。

これに対し、佐川理財局長は17年4月3日の衆院決算行政監視委員会で、「自動的に消去されて復元できないようなシステム」とかわそうとした。しかし、4日後の衆院内閣委員会で、民進党の高井崇志《たかし》氏が「ほかの省庁にも聞いたが、そんなシステムを入れている省庁はどこもない」と追及。中尾睦《むつみ》・財務省理財局次長が「自動消去という機能は基本的にはございません」と答弁を訂正した。

CHECK
7

共産・宮本岳志氏

専門業者に依頼するなど、復元の方法があるはずだという私の指摘に、佐川理財局長は「専門の部局に再度確認する」と答弁されましたけれども、財務省、結果はどうでしたか。

岡本薫明財務省官房長

近畿財務局のシステムにおきましては、職員が公文書管理法等の規定に基づいて、保存期間が満了したものにつきましては、電子データにつきましても削除するわけでございますが、システム上、削除された電子データは、基本的には復元できない状況になります。ただ一方、システム上、障害が仮に生じた際の復旧を目的といたしまして、14日間の期間であれば、バックアップ機能により、システムの専門家が作業をすれば復元が可能というシステムになっております。

したがいまして、電子データを削除した後でございましても、このバックアップ期間の14日間であれば復元が可能でございますが、この期間を経過すれば、このシステムの運営を業務委託しております運営会社の専門家でありましても、データの復元はできないとのことでございました。

2017年4月21日の衆院国土交通委員会

✕ 捜査機関の協力も得れば復元可能――岡本薫明《しげあき》財務省官房長

電子データをめぐっては、財務省情報管理室の担当者が2017年4月10日、朝日新聞の取材に対し、「復元は難しいが、できないとは断言できない」と復元の可能性を認めた。

情報管理室によると、同省の文書管理システムでは、職員がデータをコンピューター端末で消してもシステムにデータは残り、14日間たつと新たなデータに上書きされる対象になる。仮に上書きされてても物理的なデータはシステム上に残り、復元できる可能性を否定できないという説明だった。

このため、野党側は、犯罪捜査などで活用されている手法を使った「復元」を求めたが、財務省は「〔14日間〕経過すれば、このシステムの運営を業務委託しております運営会社の専門家でありましても、データの復元はできない」（岡本薫明官房長）と改めて主張し、17年6月には情報システムの更新を行った。しかし財務省は、背任や公用文書等毀棄の容疑で同省職員が告発されたことを受け、物理的なデータの完全消去の作業に着手することは先送りしたが、結局、文書改竄の発覚後、大阪地検の協力などを得て電子データを復元した資料を開示した。

財務省の文書管理の責任者である岡本氏の見解が壁となり、国会で野党が求めていた電子データの復元は1年間も動かなかったにもかかわらず、安倍政権は18年7月、岡本氏を事務次官に昇格させた。

CHECK
8

麻生太郎財務相

今、TPP11というのが、これは日本の指導力で間違いなく締結された。この間、茂木大臣、ゼロ泊４日でペルー往復しておりましたけれども、日本の新聞には１行も載っていなかったですもんね。まあ本人としては甚だふんまんやる方なかったろうと思いますけれども。まあ日本の新聞のレベルというのはこんなものなんだなと思って、経済部のやつにぼろかす言った記憶がありますけれども。みんな「森友の方がTPP11より重大だ」と考えているのが日本の新聞のレベルと言って、政治部ならともかく経済部までこれかと言っておちょくりにおちょくり倒した記憶がありますけれども。

2018年3月29日の参院財政金融委員会

×各紙で報道している――麻生太郎財務相

森友学園への国有地売却に関する決裁文書の改竄問題が発覚し、内閣支持率が低下するなか、麻生財務相は森友問題を報じるメディアへの不満をぶつけるようになった。

その典型が２０１８年３月29日の参院財政金融委員会で、米国を除く11カ国による環太平洋経済連携協定（ＴＰＰ11）に関するやりとりにおける「日本の新聞には1行も載っていなかった」「森友の方がＴＰＰ11より重大だと考えているのが日本の新聞のレベル」という発言だ。

しかし、麻生氏が指摘している茂木敏充《もてぎとしみつ》経済再生相が出席したＴＰＰ11の署名式は、朝日新聞、東京新聞、毎日新聞、読売新聞などが3月9日付夕刊や10日付朝刊で報じている。ちなみに麻生氏は「締結された」と述べたが、まだ署名段階で、締結ではない。さらに署名式の開催地もペルーではなく、チリの首都サンティアゴだった。

批判を受けた3月30日の衆院財務金融委員会で、麻生氏は「日経新聞でしたかなんかを見ましても、1面にはゼロ、全く書いてありません」と弁明し、「決して森友問題を軽んじているわけではありませんで、反省をせないかぬところだと思っております」と述べたが、実際には日経新聞は1面で報じていた。

麻生氏は5月29日にも「バツをマルにしたとか白を黒にしたとかいうような、いわゆる改竄とかそういった悪質なものではない」と問題を矮小化《わいしょうか》する発言をして批判を浴びた。

CHECK 9

安倍晋三首相

国有地払下げ問題については籠池氏側から、これは私の妻にでありますが、妻に留守電が幾度となくあった後、自分、自分というのは谷さんでありますが、自分が籠池氏側からの問い合わせについて財務省に照会し、その回答をそのまま籠池氏側に返答したことはある、それは自分、これは谷さんでありますが、自発的にやったものであり、妻には返答する前に報告したことを確認したということであります。

＊

国民民主・増子輝彦氏

総理夫人付きの谷さんがなぜこういう問い合わせをされたと思いますか。

安倍首相

これについては、もう昨年来ずうっと同じ答えをさせていただいておりますし、今度のことについても全くこれは新しい事実はないわけでございます。

2018年4月11日の衆院予算委員会　　2018年5月28日の参院予算委員会

✕ 交渉記録に昭恵氏からの話で谷氏が財務省に照会をかけた記載——安倍晋三首相

妻・昭恵氏の関与を否定する安倍首相は、2015年11月に昭恵氏付の政府職員、谷査恵子《さえこ》氏が森友学園側から頼まれた「定期借地権の減額要望」を財務省に照会した行為について、「谷さんが自発的にやったもの」と説明していた。

ところが、約1年間隠蔽されていた財務省の交渉記録には、谷氏が財務省に対し、「〔学園側から〕優遇を受けられないか総理夫人に照会があり、当方からお問い合わせさせていただいた」と伝えていたことが書かれており、谷氏の照会の背景として「安倍総理夫人が名誉顧問に就任した開校予定の小学校〔森友学園に売払い前提で貸付け中〕から問い合わせがあったとのこと」との説明書きもあった。

また、谷氏が財務省に問い合わせる5日前の記録には、籠池泰典・森友学園理事長〔当時〕が財務局に同様の要求をし、「総理夫人に国の賃料が高すぎると伝えている」と述べたとの記述もあった。

安倍首相は18年5月23日に交渉記録が開示されてから初めて開かれた予算委員会の集中審議で「全くこれは新しい事実はない」と言ったが、安倍首相の従来の説明に反する記録が明らかにされた。

CHECK
10

ニュースキャスター　森友学園問題ですが、振り返ってみますとですね、安倍総理が関わっていたら安倍総理も国会議員を辞めるという答弁もありました。あの段階でですね、仮にですね、総理がもし自分と昭恵夫人に問題があるならば、調べてみようと、精査してみようと、しっかりと精査して、決裁文書もチェックしていれば、問題はこんなに広がらなかったような気がするんですが、その辺の反省はいかがですか。

安倍晋三首相　確かに私の妻が名誉校長を務めていた、そして、私の友人がかかわっていたことでありますから、国民の皆様が疑念を持たれても当然のことだろうと思います。しかし、私自身が一切指示をしていないということは、明確に自信を持っていました。妻自身がその売買に、あるいは認可に関わるはずがないということについても確信をしておりましたから、あのように申し上げた。事実ですね、４千ページ〔の交渉記録〕、これをおそらくみなさんもあまり読んでおられないんだろうと思いますが。

ニュースキャスター　読みましたけど。

安倍首相　本当ですか。

ニュースキャスター　もちろん読みましたよ、仕事上。

安倍首相　その４千ページに私が指示したということは出ていますか？出ていませんよね。うちの家内が頼んだということは出ていますか？出ていませんよね。それは明らかになっている。

2018年9月17日のTBS「ニュース23」

△妻・昭恵氏に関係する交渉記録の一部が開示されず——安倍晋三首相

森友・加計学園問題は、安倍首相が連続3選を目指した2018年9月の自民党総裁選のテレビ討論会でも問われた。

安倍首相は、公文書改竄の発覚を受けて財務省が公開した交渉記録に、首相や妻・昭恵氏の直接的な指示や依頼を示す記載がないことを理由に挙げ、疑念を払拭しようとした。

しかし、総裁選の時点においても、安倍政権がいまだに開示していない資料がある。

たとえば、森友学園の籠池泰典・前理事長が昭恵氏と一緒に撮影した写真を示し、「夫人からは『いい土地ですから、前に進めてください。』とのお言葉をいただいた」と近畿財務局の担当者に伝えたとされる14年4月28日の交渉記録。18年の通常国会では、「近畿財務局に確認をしたところ、作った記憶があるという者がございます。ただ、調べましたところ、幾ら調べてもそれはどうしても発見できなかった」（太田充・財務省理財局長）という説明が続いたが、14年4月15日に近畿財務局の担当者が「国の対応の非難及び自己の主張の妥当性を一方的に述べるのみであり、今後も、当方指示に真摯に対応することは期待し難いという印象」と記していた森友学園との交渉が一転して進み始めた部分のやりとりが明らかになっていない。

さらに、理財局と近畿財務局のやりとりを「最高裁まで争う覚悟で非公表とする」などと記載されているという、共産党が入手した一連の資料についても、確認が進まなかった。

CHECK
11

民進・今井雅人氏

安倍総理夫人に今、５名の役人の人がついていることが明らかになった。３名は外務省から非常勤です。海外渡航に行くときに随行する役目ですから理解ができるが、あと２名は、安倍政権になってからだが、常勤で経産省から出向している。その理由をお伺いしたい。

土生栄二内閣審議官

安倍内閣におきましては、地球儀を俯瞰する外交、さらには経済最優先を基本方針としているところでございます。そうした中で、例えば各国首脳夫人も同行するサミットへの同行、夫妻で来日した外国要人への接遇、さらには、女性活躍など内閣の重要政策に関する会議等への出席、このような総理夫人の活動、これは内閣総理大臣の公務遂行を補助する活動が現内閣になりまして飛躍的に増大をしたということでございます。こうしたことから、内閣官房といたしましては、このように公務の遂行を補助していただく活動につきまして、総理夫人のサポートを常時円滑に行う必要性が生じてきているということでございます。したがいまして、先生今御指摘ございましたように、内閣官房に常駐する職員２名を置くという必要性を判断したものでございます。

2017年3月8日の衆院経済産業委員会

△首相夫人の公務は歴代内閣並み――土生《はぶ》栄二内閣審議官

首相夫人の安倍昭恵氏をめぐっては、安倍首相は２０１７年3月1日の参院予算委員会で「妻は私人なんですよ。その妻をまるで犯罪者扱いに〔追及を〕やるのは極めて不愉快ですよ」と激高。政府は昭恵氏を「私人」とする政府答弁書も閣議決定している。その一方で、これまで外務省から派遣された非常勤の１人だった首相夫人付の政府職員が、第２次安倍政権になって常勤２人、非常勤３人の計５人に増員。大幅に増えたスタッフが森友学園での講演など、昭恵氏の私的な活動にも同行していたことから、増員の根拠が問われた。

政府が昭恵氏に常駐職員２人を付けたのは、第２次政権発足から1カ月後の13年1月だった。この時点で夫人が同行した首相の外国訪問は、東南アジア３カ国を訪問した1件。就任後1カ月間で見ると、麻生内閣1件、鳩山内閣3件、菅《かん》内閣1件、野田内閣1件だ。就任半年まで広げて歴代内閣と比べても「飛躍的に増大」と言える大きな変化はない。

国内のシンポジウム出席などを含めて、歴代内閣よりも活動が増えたと説明した根拠を内閣総務官室に尋ねたところ、「増える見通しを持っていたと思うが、具体的なデータはにわかには確認できない」との答えだった。

政府は17年7月になって、常駐の職員だった２人を経産省に戻し、体制を縮小した。

CHECK
12

民進・福島伸享氏

何で設立趣意書のタイトルすら開示できないんですか。ちゃんちゃらおかしいと思いますよ。なぜそれを聞くかというと、籠池前理事長の記憶では、「安倍晋三記念小学院」の設置趣意書だったからなんですよ。それを出したくないから黒塗りにしたんじゃないですか。そもそも、最初の設立趣意書がその名前だったからこそ、さまざまなそんたくがなされ、特例措置が講じられることになったんじゃないですか。ここの黒塗りのところにもそういう趣旨が書いてある可能性があるからこそ、「開示せよ」と言っているんですよ。民事再生とこの設立趣意書の趣旨を開示することは何の関係もないと思いますよ。先ほどの局長の説明を聞いて、それで納得する皆さんは誰もいないと思います。

なぜ黒塗りのタイトルを出せないんですか。理由をお答えください。

佐川宣寿財務省理財局長

今委員が御指摘の設置趣意書のところでございますが、その下に、学校としての今後の経営方針等が書いてございますので、そのタイトルも含めて一体としてこの学校の経営方針ということでございますので、不開示情報にしているということでございます。

2017年5月8日の衆院予算委員会

×趣意書の校名は「開成小学校」――籠池泰典前森友学園理事長・福島伸享《のぶゆき》氏・朝日新聞

安倍首相の妻・昭恵氏を支える夫人付政府職員の照会などが明るみに出るなど、名誉校長を務めていた昭恵氏の影響力の有無が焦点になるなか、民進党の福島伸享氏は、籠池泰典・前森友学園理事長への聞き取りをもとに、2013年9月に学園が近畿財務局に提出した書類にあった「設置趣意書」の校名に「安倍晋三記念小学院」と書かれていたのではないかと質問した。「安倍晋三記念小学校」や「安倍晋三記念小学院」の名称については学園側が大阪府に伝えていたことを大阪府教育委員会が認めており、寄付金集めに首相の許可なく使用していた経緯もあったが、財務省は「学校の経営方針が書かれている」ことを理由に不開示を貫いた。一方、籠池氏は福島氏の質問があった5月8日夜の朝日新聞のインタビューにも「安倍晋三記念小学校と書いた」と証言。そのため、朝日新聞も翌9日付で籠池氏の証言として報道した。

しかし、17年11月になって財務省が開示した設置趣意書では、黒塗りになっていた校名部分に籠池氏の証言と異なり、「開成小学校」と書かれていた。

朝日新聞も財務省の黒塗り開示直後に修正記事を出したが、安倍首相は「裏取りをしない記事」「籠池さん、これは真っ赤なうそ」などと国会答弁で批判をした。

CHECK 13

民進・小川敏夫氏

平成27年９月５日に昭恵夫人が塚本幼稚園で講演している。そこで「もしお名前を付けていただけるのであれば総理大臣を辞めてからにしていただきたい」と発言をされている。

安倍晋三首相

もう今私が言ったのが全てであって、事実、私が断っているから、別の開成小学校になっているじゃないですか。それが、ファクトは何かということを小川さんも正直に見られた方が私はいいと思いますよ。ファクトは開成小学校だったんですよ。（中略）そして、安倍晋三記念小学校については今言ったことが事実であって、私は断り、そして、私の名前ではなくて開成小学校で申請がされていたというのが事実であろうと、これ以外のものはないということであります。

2018年1月31日の参院予算委員会

×「安倍晋三記念小学校」などの申請もあった――安倍晋三首相

安倍首相は2017年11月に財務省が「開成小学校」と書かれた文書を開示した後、籠池泰典・前森友学園理事長や朝日新聞への批判を繰り返し、「開成小学校で申請がされていたのが事実で、これ以外のものはない」と断言した。

しかし、約1年間隠蔽されていた近畿財務局の交渉記録のなかには、学園側が新設予定の小学校の認可申請先だった大阪府に対し、校名を「安倍晋三記念小学校」と説明していたことを示す記載があった。記録によれば、府の職員が「小学校名『安倍晋三記念小学校』として本当に進捗できるのか、取り扱いに苦慮している」と述べており、財務省も交渉記録開示後の18年5月23日の野党合同ヒアリングで「記録として残っているので、一定の範囲の〔財務省〕職員が認識していると思う」と認めた。

籠池氏は時期によってさまざまな学校名を使っており、大阪府私学審議会が15年1月に小学校の設置認可を条件つきで「認可適当」と答申した際の名称は「瑞穂の國記念小學院」だった。

CHECK 14

民進・初鹿明博氏

埋設物が見つかりました、この撤去に幾らかかるかということを大阪航空局が見積もります、この間の経過の中で、買い受けを受けるに当たって幾らなら買えるというような、森友学園側からの金額の提示のようなことはありましたか。

佐川宣寿財務省理財局長

３月に新しい埋設物が発見されまして、深いものは国の瑕疵ということでございますが、そこについて、今まで御答弁申し上げているとおりで、大阪航空局に埋設物の撤去、処分費用を依頼いたしまして、それを見積もって、それを前提にして、私どもは不動産鑑定にかけてございます。それを受けましたのが５月の末でございますが、いずれにしても、そういう価格につきまして、こちらから提示したこともございませんし、先方から幾らで買いたいといった希望があったこともございません。

2017年3月15日の衆院財務金融委員会

×事前の価格交渉が音声データや交渉記録で発覚――佐川宣寿財務省理財局長

9億5600万円の鑑定価格だった国有地が、なぜ隣接する国有地の1割近い値段の1億3400万円で森友学園に売却されたのか。政府は地中に埋まったゴミの撤去費と説明したが、学園側との事前の価格交渉は強く否定していた。

ところが、著述家の菅野完《すがのたもつ》氏が入手した音声データには、近畿財務局職員と学園側が事前に価格交渉を行っていた様子が録音されていた。

売却が決定する約1カ月前の2016年5月、財務局職員が学園の幼稚園を訪れた際のものと見られる音声データだ。そのなかで、財務局の担当職員は国有地の価格について「理事長がおっしゃるゼロに近い金額まで努力するという作業を今やっている」と発言。値下げを求める籠池泰典理事長夫妻に、前例のない10年分割払いも提案していた。

財務省は「金額」は伝えたが、「予定価格」は伝えていない、として、佐川氏の答弁が誤っていないと主張したが、18年5月に開示された交渉記録にも近畿財務局と学園側との間で金額のやりとりが行われていたことが記載されていた。

CHECK
15

民進・矢田わか子氏

森友学園が2015年７月から12月にかけて、土壌汚染対策、埋蔵物の除去の二つの工事を実施した。そして、森友学園は国に有益費、つまり工事費分を請求し、昨年４月に１億3000万相当を受領されています。続く2016年６月に、売買、所有移転の契約におきまして、埋蔵物処理に相当する金額８億1900万と見積もられた。普通に考えれば重複しているのではないか、過大見積りではないかと指摘せざるを得ません。適切に見積もったというのであれば、その根拠を説明いただけますか。

佐川宣寿財務省理財局長

有益費として支払った1.3億円はその浅い部分の排水管、マンホール等、一方、売却時に見積もった8.2億円は地中の浅い部分、それから深い部分の廃材、地下埋設物でございまして、二重計上というふうにはなってございません。

2017年3月8日の参院予算委員会

×会計検査院が一部の重複を指摘――佐川宣寿財務省理財局長

森友学園との一連の取引では、2016年6月に鑑定価格から8億1974万円を値引きした「1億3400万円」で売却する以前にも、汚染土などの除去費用（有益費）として、国が「1億3176万円」を森友学園に支払っていた。

二重に除去費用が計上されているように見えるため、野党側は「お金のやりとりだけを見ると、要は200万円で国から森友学園はこの土地を手に入れている。破格のディスカウント価格だ」（当時民進の玉木雄一郎衆院議員）などと指摘した。

これに対し、財務省側は「民法上の有益費は、いわば先方が払ったものを国が精算したもので、それと売却の地価というものは全く異なるもの」「二重計上というふうにはなってございません」（いずれも佐川宣寿理財局長）と反論してきた。

しかし、17年11月の会計検査院の報告書では、二つが重なりあっていたことを指摘。「土壌412トンは、処分量として算定された計1万9520トンの一部と重複していることから、処分量から控除する必要があったと認められる」と認定した。

CHECK
16

佐川宣寿財務省理財局長

参議院財政金融委員会藤川委員長より財務省に対して御指示のあった事項について、近畿財務局の職員から聴取した結果は以下のとおりでございます。

鴻池事務所作成とされる資料において、籠池氏から聞いた話として、平成27年１月９日に財務省担当者より土地評価額10億、10年間の定期借地として賃料年４％、約4000万円の提示ありとの記述があるが、これは事実か。

当時の担当者に確認したところ、当時は森友学園側と取得要望についてやり取りをしており、１月初旬に森友学園側と面会した記憶はある。その際、賃料の算定方法について問われ、土地の評価額と利回りにより算定することとなるとの説明をしたが、国有財産地方審議会の開催前であり、具体的な金額を提示したことはなかったとのことであった。

森友学園関係の建設業者が作成したとされるメモにおいて、平成27年９月４日の近畿財務局、大阪航空局、関係業者の打合せの中で、近畿財務局の発言として、産廃残土を場内処分の方向で協力をお願いしますとの記述があるが、これは事実か。

当時の担当者である池田統括官に確認したところ、平成27年９月当時は低深度の土壌汚染等の除去工事が実施されていたところであり、貸付契約上、その費用は国が有益費として償還することとされていたため、９月初旬に大阪航空局とともに関係業者と工事内容等について打合せを行っていた記憶はある。ただし、業者に対して産業廃棄物の場内処理を求めるような発言を行ったことはなかったとのことであった。以上でございます。

2017年3月27日の参院財政金融委員会

✕交渉記録には「場内処分」の発言――佐川宣寿財務省理財局長

交渉記録を「廃棄」したと主張していた財務省は2017年の通常国会で、鴻池祥肇・元防災担当相の事務所や施工業者が作成した文書が出てきても、「ネット上でもいろんな情報が流れている時代」「個別の案件につきまして確認するということは必要ない」（佐川氏）と確認すら拒んだ。

そうしたなかで、自民党の藤川政人《まさひと》・参院財政金融委員長の指示に従う形で確認に応じたのが、15年1月9日の賃料提示と、同年9月4日の「場内処分」の指示の有無だったが、17年3月27日の国会での報告では完全に否定していた。

ところが、18年5月に開示された交渉記録には、近畿財務局の発言として、次のような記載があった。

「貸付料についてお話ししたい。現在収支計画において、年間2300万円で計上されているが、底地は10億円程度と考えているし、利回り4％程度で考えれば3000万円台半ば（3400万円）程度となる」（15年1月9日の応接記録）「建築に支障がないレベルまでの地下埋設物撤去費用まで国としては支払えないことは、これまでも説明している」「発生土の場内処分について、他の方法もないかを検討いただきたい」（同年9月4日の応接記録）

いずれも佐川氏の答弁は虚偽だった。

CHECK
17

民進・大西健介氏

産経新聞もこの幼稚園を特集していて、これは2015年1月の記事ですけれども、安倍首相夫人アッキーも感涙、園児に教育勅語教える愛国幼稚園、卒園後子供たちが潰されると小学校も運営へというような記事もあるんですけれども、この塚本幼稚園のことを以前から大臣は御存じであったでしょうか。いかがでしょうか。

稲田朋美防衛相

聞いたことはありますけれども、その程度でございます。

2017年2月23日の衆院予算委員会第1分科会

×文科省に電話で問い合わせも――稲田朋美防衛相

森友学園をめぐっては、教育勅語を幼稚園児に素読させる教育方針も問題になり、安倍晋三首相に近い稲田朋美防衛相（当時）も国会で追及を受けた。

稲田氏は当初、学園が経営する幼稚園について、「聞いたことはある程度」と答えたが、2006年10月号の月刊誌「ＷｉＬＬ」で行った新人議員座談会で、このように語っていた。

「教育勅語の素読をしている幼稚園が大阪にあるのですが、そこを取材した新聞が文科省に問い合わせをしたら、『教育勅語を幼稚園で教えるのは適当ではない』とコメントしたそうなんです。そこで文科省の方に『教育勅語のどこがいけないのか』と聞きました。すると、『教育勅語が適当ではないのではなくて、幼稚園児に丸覚えさせる教育方法自体が適当ではないという主旨だった』と逃げたのです」

この点について、民進党・辻元清美議員から「わざわざ文科省に問い合わせを、塚本幼稚園を擁護するような形でしているんですが、記憶ありますか」と問われると、稲田氏は「記憶にはありませんが」と留保をつけたものの、「インタビュー記事に答えて言っているわけですから、何らかの新聞記事を見て文科省に問い合わせをしたのでそういうことを言っているのではないかなと、今、私は思います」と事実上認めた。

CHECK
18

民進・小川敏夫氏　今朝９時から籠池氏の発言がネットで流されているんですが、その発言の中で籠池氏は、防衛大臣と御主人、お２人が顧問弁護士だったと、それから、具体的な訴訟について、大臣に訴訟代理を受けていただいたというふうに述べておりますが、この点どうでしょうか。

稲田朋美防衛相　そういった事実はありません。

小川氏　具体的に防衛大臣の名前が入った、裁判所に提出書類も公開されておるようなんですが、防衛大臣は御主人とともに連名でこの森友学園の事件の受任をしたことはないんですか。

稲田氏　もちろん、共同で事務所をしておりますので、委任状が共同になっていることはあるかも分かりませんが、弁護士の仕事はそれぞれ属人的なものなんです。私は、全く籠池氏、森友氏の事件を受任をしたこともなければ、裁判を行ったこともなければ、法律相談を受けたこともないんです。

2017年3月13日の参院予算委員会

✕ 裁判への出廷記録が判明――稲田朋美防衛相

稲田朋美防衛相（当時）は2017年3月13日の参院予算委員会で、民進党の小川敏夫氏から「森友学園訴訟代理人弁護士稲田朋美」と書かれている訴訟資料を示された。稲田氏が国会議員に初当選した直後の2005年10月11日に裁判所に提出されたものだったが、稲田氏は「共同事務所の場合、連名で（訴訟書類を）出すことはある。実態として籠池氏から法律相談を受けたこともなければ、実際に裁判を行ったこともない」と関係を否定していた。

ところが、翌3月14日、共同通信の報道によって、稲田氏が04年12月、森友学園が起こした民事訴訟の第1回口頭弁論に原告側代理人弁護士として出廷していたことを示す大阪地裁作成記録の存在が明るみに出た。

それを受けて、稲田氏は「（弁護士である）夫の代わりに出廷したことを確認できましたので、訂正をして、おわびをいたしたい」と表明。夫が04年10月～09年8月ごろ、籠池氏と顧問契約を結んでいたことも初めて明かした。

稲田氏はこれまで、自身と籠池氏との顧問契約について否定していたが、「私は（同じ弁護士法人の）社員でありますので、その意味において、顧問契約自体は夫個人が締結したものではありますけれども、その責任が（自分に）全くないとは言えない」と釈明した。

CHECK
19,20

民進・小西洋之氏

大臣の旦那様の弁護士先生と、大臣が弁護士であられるときに一緒に営まれていらっしゃいます弁護士法人光明会の代表を、大臣はこれまでお務めになっていたことはありますでしょうか。「政官要覧」、また時事通信の国会議員プロフィールには弁護士法人代表の記載があるということでございますので、事実関係をお願い申し上げます。

稲田朋美防衛相

私の夫の件につきましてでありますけれども、私の夫は、私が国会議員になる前も、そしてなった後からも一私人でございますので、お答えする立場にはありません。他方、夫からは、本件土地売却には全く関与していないことを是非説明してほしいと言われておりますことから、この場で申し添えさせていただきます。お尋ねの、私が弁護士法人光明会の代表となっていたことがあるかということでございますが、これまで私は、光明会の代表となったことはございません。したがいまして、今委員が御指摘の政官要覧、さらには時事通信ホームページにある弁護士法人光明会代表ないし弁護士法人代表との記載は誤りでありますので、訂正を申し入れたいと考えております。

2017年3月8日の参院予算委員会

✕ 初出馬時の選挙公報に自ら「光明会代表」と記載——稲田朋美防衛相

光明会は、稲田朋美防衛相（当時）が森友学園の顧問弁護士を務めていた夫と運営していた弁護士法人だ。稲田氏は森友学園の国有地売却問題との関わりを否定する答弁のなかで、法人代表であったことを強く否定したが、初当選した2005年衆院選の選挙公報には、「2004年12月　弁護士法人光明会代表に就任」と書かれていたことが発覚した。

この矛盾について、稲田氏は「（04年12月の法人設立当初は）代表社員を置かない、社員2名体制で、業務執行上、弁護士各自が同会を代表していることから代表と記述したものであって、その選挙公報は誤りではございません」と主張。08年に定款を変更して夫を代表社員にしたため、「（正確な記述とするため）訂正を申し入れることにした」と説明したが、野党議員からは「今の説明は一般の人には全く通じません」として、「この選挙公報は公職選挙法違反になりますよ」と指摘された。

△土地売却に関連したゴミ撤去費の交渉に立ち会う——稲田朋美防衛相

稲田朋美防衛相（当時）は夫について「土地売却に全く関与していない」と言ったが、籠池泰典・前森友学園理事長が証人喚問で、稲田氏の夫・龍示氏の弁護士事務所で近畿財務局と大阪航空局の職員と会ったと証言。稲田氏も16年1月に籠池夫妻と国側との話し合いの席に龍示氏が同席していたことを認めるコメントを出した。学園が開設を予定していた小学校の用地に関し、「土壌〔汚染〕対応の立て替え費用を国が返してくれない」と籠池夫妻から依頼を受け、自らの弁護士事務所で籠池夫妻と国側との話し合いに立ち会ったが、「ほとんど発言をしていない」としていた。

ただし、18年5月に開示された財務省の交渉記録によると、龍示氏が「〔籠池氏が〕国の対応に不信感を持っていることについては、法律的な観点ではなく心情的に理解できる」と発言し、「今後、顧問弁護士を引き受ける可能性もあるが、本日時点では事件受任している立場にはない」としたうえで、「本日は同席させていただき、理事長からのお話を一緒に伺うという立場である」と述べていたと書かれていた。協議は2時間半続いたという。

夫婦で食い違う説明

学校法人「森友学園」への国有地売却をめぐる問題では、名誉校長だった安倍晋三首相の妻・昭恵氏の説明を求める世論が高まったが、安倍首相は「必要ない」と国会招致を拒み、昭恵氏の記者会見にも応じてこなかった。

籠池泰典・前森友学園理事長との証言が食い違う「100万円寄付」についても、昭恵氏は自らのフェイスブック上で「私は、籠池さんに100万円の寄付金をお渡ししたことも、講演料を頂いたこともありません」などと反論を記すだけで、2018年2月3日には「私が真実を知りたいって、本当に思います。何にも関わっていないんです」と記者団に語っていた。

そうしたなか、18年2月末にインターネット上の「アキエリークス」というサイトに、衆院選の選挙期間中だった14年12月6日に昭恵氏が森友学園を訪れて、講演を行った際の映像が配信された。そのなかで、昭恵氏は「主人〔安倍首相〕に実際にもお会いして頂いたりしていました」と発言していた。

しかし、安倍首相と籠池氏の面会は2人とも否定している。

18年3月2日の参院予算委員会で、この矛盾を問われた安倍首相は「私が言っているのが正しい」と答弁したが、立憲民主党の福山哲郎幹事長は「総理と安倍昭恵夫人の見解も違っている」と昭恵氏の証人喚問を求めた。

CHECK
21

記者
2011年の大阪ダブル選で、籠池氏が畠議員と一緒に応援したのか。

松井一郎大阪府知事（日本維新の会代表）
ない。畠議員は2011年３月に議員引退したし、当時、自民党だったから。僕と一緒に回るのはあり得ない。

記者　畠議員から応援は？

松井知事
ない。一緒にどこか回った記憶ない。〔籠池氏と選挙で〕僕と一緒に回るのはあり得ない。

2017年3月25日の記者会見

△2011年知事選の際に回っていた――松井一郎大阪府知事（日本維新の会代表）

森友学園問題をめぐっては、学校設置認可の権限を持つ大阪府に影響力があり、安倍政権とのパイプも太い日本維新の会の関わりも問われた。森友学園の要請を受けた規制緩和を行ったうえ、2015年1月の大阪府私学審議会が森友学園に対し、「条件を附して認可適当」という異例の判断をしていたからだ。維新の会創設者で、規制緩和時に知事だった橋下徹《はしもととおる》氏は17年3月、「条件付き認可は、手続き的には松井知事就任直後ですが、事実上は僕の知事時代に進んでいたことであり、僕の私学審議会体制強化が不十分だったことが原因です」とツイッターに投稿した。

籠池泰典・前森友学園理事長が17年3月23日の証人喚問で、故・畠成章《はたなりあき》大阪府議会議長を通じて松井氏らに働きかけをしていたと証言した後も、松井氏は籠池氏との関係を否定していたが、同月26日にフジテレビ系列の情報番組「Mr.サンデー」が、11年11月に投開票された大阪府知事選の選挙期間中に、大阪市内の商店街で松井氏が畠氏と一緒に歩いていた映像を放映。松井、畠両氏を見守るように、籠池氏の姿も映っていた。松井氏は放映後、「確かに、同じ画面に僕と籠池氏が映っており、畠元府議会議員も商店街会長を紹介してくれています。ただ、畠先輩議員に申し訳ありませんが、記憶にありませんでした。近い内になんとか時間をつくって、御仏壇にお参りに行こうと思います」とツイッターに投稿した。

CHECK 22

維新・足立康史氏

国会の野党の皆さんが一生懸命追及しているこの森友学園、道路を1本挟んで、隣に野田中央公園というのがあります。こっちにも疑惑があるんですよ。何で追及しないんですか。彼らがこちらを追及しない理由は、これは二つあると思いますよ。一つはこれね、辻元さんが関係しているからですよ。辻元さんが国交省の副大臣のときに補助金を配ってゼロ円にした。もっとひどい話ですよ。（中略）補正率も変わっている、でも、掛けると3000円しか違わないんですよ。おかしくないですか、これは。これやってたのは辻元副大臣ですよ。

2018年2月5日の衆院予算委員会

×麻生政権時に大枠を決定――維新・足立康史氏

森友学園への国有地売却額の異様さが浮き彫りになったきっかけは、隣接する「野田中央公園」の用地を国が大阪府豊中市に払い下げした際の価格の約10分の1だったことだ。ところが、野田中央公園の売却にあたっては国から豊中市に補助金が出ていたため、足立氏は2017年3月29日の衆院国土交通委員会で、「地域の実勢から出てきた数字ではなく、補助制度がつくった人工的な数字」と主張、その後も補助金の交付決定時に鳩山政権で国土交通副大臣だった辻元清美氏の「疑惑」に繰り返し言及した。

しかし、野田中央公園については、麻生政権だった09年5月29日の時点で、「事前に要望のありました豊中市に対して予算配分をする旨及び金額を内示」（由木文彦国土交通省住宅局長）。同年5月の国交省資料にも豊中市に14億円が交付されることが書かれており、辻元氏が国交副大臣になる前に政府と豊中市の間で合意がなされていた。

政権交代に伴い、麻生政権の補正予算の執行見直しを行ったため、最終的な交付は鳩山政権の10年にずれ込んだが、野田中央公園は執行見直し対象にならず、主に運輸関係の担当副大臣だった辻元氏も建設関係の同事業には関わっていなかった。

補助金の一部修正に関しては、地元・豊中市から上がってきた書類を、日本維新の会創設者の橋下徹・大阪府知事（当時）名で申請していた。

辻元氏をめぐるデマの広がり

日本維新の会の足立康史氏が2017年3月末から10カ月以上、国会で取り上げてきた辻元清美・立憲民主党国会対策委員長をめぐる「疑惑」は、18年2月6日に馬場伸幸・維新幹事長が「事実関係を調べたが、事実ではないと裏取りもできている」と記者会見で足立氏の誤りを表明。同日の維新役員会で足立氏の役職解任と、当面の間、足立氏の質問を禁止する措置を執った。しかし、森友学園問題をめぐっては、ほかにも、安倍晋三首相側の責任を追及する辻元氏に関する根拠のない「疑惑」が拡散された。

起点となったのは、安倍首相が17年3月24日、自民党議員を通じて公表した妻の安倍昭恵氏と籠池泰典前理事長の妻、籠池諄子《じゅんこ》氏がやりとりしていたメールの記録だ。

そのなかに辻元氏の名前があった。諄子氏が送ったメールには、辻元氏の名前とともに「幼稚園に侵入しかけ私達を怒らせようとしました」などと記されていた。

昭恵氏の証人喚問が争点になっていた3月26日、フジテレビ系の「Mr.サンデー」で、森友問題の今後の焦点を問われたジャーナリストの山口敬之氏（元TBSワシントン支局長）は「辻元議員の問題」と書いたパネルを示した。

「辻元さんの問題って？」

そう驚くメインキャスターの宮根誠司氏に、安倍首相の元番記者だった山口氏はこう解説した。

「安倍昭恵さんと籠池諄子さんのメールのなかで、籠池諄子さんが何回か辻元さんに言及しているんですね。工事現場に辻元さんが作業員をもぐりこませたとか。辻元さんも民進党も『これはない』とコメントを出しているんですけど、これは安倍昭恵さんが『〔籠池氏に〕１００万円を渡していない』と言っているのと同じで、悪魔の証明なんですね。『我々をこれだけ追及していたのだったら、辻元さんもなかったと証明しなさいよ』と」

さらに、3月28日の朝刊では、産経新聞が同じメールの記録などをもとに、「民進・辻元清美氏に『3つの疑惑』　民進党『拡散やめて』メディアに忖度要求」とする記事を政治面のトップで展開した。

この日は安倍首相が出席する参院決算委員会が開かれることになっており、民進党は昭恵氏の証人喚問実施へ追い込もうと準備していた。守勢に立たされていた安倍首相は産経新聞の記事をもとに、民進党議員の喚問要求を跳ね返した。

「御党の辻元議員はですね、メールの中で書かれていたことが、産経新聞に今日『3つの疑惑』と出ていましたね。これ、一緒にするなとおっしゃっていますが、これも証明しなければいけないということになる」

産経新聞が「3つの疑惑」として並べたのは、「幼稚園侵入」「作業員派遣」と、メールには記載のなかった「14億値引き」。

まず、「幼稚園侵入」に関しては、著述家の菅野完氏がネット上に公開した諄子氏のインタビューで、メールに書いていた諄子氏が実際に侵入を見たわけではないことが判明した。

「作業員派遣」についても、3月29日のTBSラジオ「荻上チキSession-22」で「工作員」とされた作業員が「辻元さんとの面識もございません」「〔辻元氏との関わり合いを報じたフジテレビから〕『申し訳なかったです』という一言も頂けた」などと証言し、実態を伴わないものであることが明らかになっていった。

「14億値引き」についても、安倍政権下の官僚が公式に辻元氏の関与を否定していた。

しかし、足立氏は17年3月29日の衆院国土交通委員会で「辻元清美議員の庭みたいなところで、その土地の地価を上げたかったんです」「この問題は、森友学園の問題ではなくて、野田中央公園こそ疑惑のど真ん中にあるということを、その辻元清美議員の疑惑をこれからも追及していくことをお誓い申し上げて、質問を終わります」と発言してから、繰り返し言及してきた。

森友問題をめぐっては、安倍政権は「関係者の同意が必要」と言って、政府内にある関係資料の開示を拒む場面が目立ち、昭恵氏の記載のある交渉記録を1年以上隠蔽していた。一方で、昭恵氏と諄子氏が交わしたメールについては辻元氏の意向を確認することなく配布し、17年6

月号の月刊誌「WiLL」では、「なぜ辻元清美の名前が出て止まったのか」と題した山口氏と元産経新聞記者高山正之氏の対談が掲載された。その中で山口氏はこう語っている。

山口氏　「森友問題は、国有地を不当に安く払い下げたという2月の新聞記事がスタートでしたね。この問題が終息に向かったのは、辻元清美議員が一つのきっかけになったと思います」

実際には、森友問題は終息せず、辻元氏は17年10月に結党した立憲民主党に参加後、野党第1党の国会対策委員長になり、森友問題追及の陣頭指揮を執っている。

足立氏に対しては、18年7月、古屋圭司衆院議院運営委員長が「懲りずにこのような行動に及んだ。極めて遺憾だ。言論については最大限の敬意を払うことは当然だが、それを逸脱している」と厳重注意した。

CHECK 23

民進・大串博志氏　総理は、加計理事長がこの獣医学部新設に対して、特区において申請をされているというふうに知られたのはいつですか。

安倍晋三首相　構造改革特区について加計理事長は申請をしていたわけでございます。安倍政権においても４回申請をされ、民主党政権の最後に申請され、そしてその判断をしたのは、安倍政権であったものを入れると５回でございますが、５回とも我々は事実上認めていないわけでございます。そこで、この構造改革特区については説明がございますが、いわば事実上、十数通の申請がございますが、認めていないものでございますので、私はそのときに説明は受けていないものでございます。ですから、この加計学園の申請が正式に認められた国家戦略特区諮問会議において、私が知るところに至ったわけでございます。

大串氏　正確にお答えください。いつですか。

安倍首相　これは、１月20日に加計学園の申請が正式に決定したわけでございます。

大串氏　総理がいつ、加計さんが獣医師学部の新設を申請しているかを知ったか。

安倍首相　いわば申請を知ったということにつきましては、先ほど申し上げましたように、この１月20日の特区諮問会議でございます。

2017年7月24日の衆院予算委員会

△矛盾する政府答弁書が存在――安倍晋三首相

学校法人「加計学園」の国家戦略特区を活用した獣医学部新設をめぐっては、戦略特区諮問会議の議長である安倍首相と加計孝太郎・学園理事長との関係が問題になった。

首相は「腹心の友」と公言する加計理事長との間で、２０１２年12月の第２次安倍政権発足以降、少なくとも19回、ゴルフや食事をともにしている。特に15年６月に愛媛県と同県今治市が国家戦略特区による獣医学部新設を国に提案して以降もこうした関係は続き、同年のクリスマスイブの会食の際には、安倍昭恵夫人が「男たちの悪巧み」と題してフェイスブックに写真を投稿していた。「大臣規範」では、閣僚が関係業者から接待や贈り物を受けることなどを「国民の疑惑を招くような行為」として禁止しているため、安倍首相がどの時点で獣医学部新設の意向を知っていたのかが焦点になった。

首相は17年７月24日の答弁以降、同年１月20日に加計学園の獣医学部新設が国家戦略特区に認定されるまで同学園による獣医学部設置の意向を知らなかったと主張している。

しかし、「安倍首相は加計孝太郎理事長が〔愛媛県〕今治市に獣医学部を作りたいと考えていることをいつから知っていたのか」という質問主意書に、「平成19年11月の愛媛県今治市等からの提案に係る説明資料に加計学園がその候補となる者である旨記載されており」などと回答した政府答弁書が４月28日に閣議決定され、首相自身も当初は同趣旨の国会答弁も行っていた。

CHECK
24

民進・斎藤嘉隆氏

京都産業大学については新設をやっぱり断念をせざるを得ないと、こういう状況に昨年11月になりました。それは、獣医学部の新設を空白地域に限るという方針を諮問会議が打ち出されたと、こういうことであります。これまでのスタンスと大きく変わったのがこの11月の諮問会議でありますけれども、これは、山本大臣どういう状況の中で、何が変わってこのような空白地域に限るということになったのか。

山本幸三地方創生相

これは区域会議、諮問会議等でいろいろ議論がございました。その中で、元々、最初の出発であります日本再興戦略の中で、そうした地域的に限られているところ、地域的な偏在があるところに限るということになっているわけであります。そこのスタートで議論を始めてきて、そして、そういう形で最終的に11月９日の区域会議で……（発言する者あり）それからもう一つは、私どもはその中で……（発言する者あり）当然、獣医師会等とも議論をしております。そうした獣医師会との議論の中で、獣医師会からは、是非１校に限ってほしいと、そういう地域的な偏在ということについては理解するけれども、そのことについては１校に限ってほしいという要請もございました。そういうことを踏まえて、最終的に特区諮問会議で決まったということであります。

2017年3月28日の参院決算委員会

×地理的条件が出てきたのは2016年11月――山本幸三地方創生相

加計学園の獣医学部新設について、安倍晋三首相は「長年実現できなかった岩盤規制の改革」と正当性を主張した。獣医学部の新設は、文部科学省の告示で50年以上認められてこなかったからだ。

しかし、野党やメディアが問題視したのは、獣医学部の新設の是非ではなく、京都産業大学というライバルがいるなかで、加計学園に絞られていった決定プロセスにあり、そうしたなかで獣医学部の設置場所について、「広域的に獣医師系養成大学の存在しない地域に限り新設を可能とする」という地理的要件を設けた経緯が問われた。この条件によって、同じ関西圏の大学に獣医師養成のコースがある京都府・京産大の新設断念につながったからだ。

山本幸三地方創生相は、地理的要件について、特区で獣医学部新設を検討するとの方針が盛り込まれた「日本再興戦略改訂2015」（同年6月閣議決定）にあると説明した。だが、再興戦略には、「近年の獣医師の需要の動向も考慮しつつ、全国的見地から本年度内に検討を行う」などとあるが、地理的に限定する条件には言及していない。

実際に地理的な条件が打ち出されたのは、京都府・京都産業大からのヒアリングも終わった後の2016年11月9日、安倍首相が議長を務める特区諮問会議でだった。

CHECK
25

民進・今井雅人氏

〔前川喜平・前文部科学次官は〕朝日新聞が報じた二つの文書、17日と18日に出た文書ですけれども、これは、文科省の中で作成され、幹部の間で共有された文書で間違いないとおっしゃっています。もし文科省の見解と違うのであったら、それは問いただすのが筋じゃないんですか。

松野博一文部科学相

前川氏が指摘をしている、お話しをされている文書が、獣医学部設置にかかわる文書であり、仮に文部科学省内で作成されたものだとすれば、担当部局の職員に共有をされているはずです。調査の結果、担当部局の職員が文書を作成及び共有をしていないことが明らかになって、確認をされていないということでございますので、前川前事務次官にヒアリングを行う必要はないと考えております。

2017年5月26日の衆院文部科学委員会

✕ 現役官僚らの告発が相次ぎ、後の再調査で発見される――松野博一《ひろかず》文部科学相

加計学園の獣医学部新設計画をめぐり、文部科学省が内閣府から「総理のご意向」などと言われたとする文書について、政府は当初全面否定。松野博一文科相は2017年5月19日、「該当する文書の存在は確認できなかった」とする調査結果を発表した。

しかし、調査対象は「高等教育局長、そして高等教育局担当の大臣官房審議官、専門教育課長、企画官、課長補佐、行政改革推進室長、室長補佐」（松野氏）の7人に限定。電子データについては、専門教育課の共有フォルダーだけを調べ、7人が個人で省内で使うパソコンのデータや、共有フォルダーの削除履歴は調べなかった。

野党側が「恣意的で結論ありきの調査だ」と疑問を呈したが、松野文科相は5月22日の参院決算委員会で「この存否に関する調査目的は達成できた」と主張。ところが、前川喜平・前文部科学事務次官や文科省現役官僚からの告発が相次ぎ、文科省の説明の破綻が明らかになったため、最終的に6月15日に再調査結果を公表し、14通の文書が確認された。

特に「調べた」と説明していた専門教育課の共有フォルダーからも「官邸の最高レベルが言っている」や「総理のご意向」と記された3通の文書が見つかった。

CHECK
26,27

自由・森ゆうこ氏　情報公開の徹底ということ、透明性を十分に図るということなんですけれども、議事要旨しかホームページに公開されておりません。議事録がまだ公開されておりません。なぜ議事録を公開しないんですか。

佐々木基内閣府地方創生推進事務局長　議事録あるいは議事要旨につきましては、それぞれ運営規則等によって扱いは決まっております。諮問会議につきましては議事要旨と議事録というものが二つございまして、議事要旨については会議の終了後速やかに作成し公表すると。今先生おっしゃった議事録については４年間を経過した後にこれを公表するとなっておりますが、私どもといたしましては、この議事要旨については実質的には議事録だと考えておりまして、会議の終了後できるだけ早く、もちろん、「てにをは」はあるかもしれませんけれども、議事に忠実に出すように努力しているところでございます。

＊

安倍晋三首相　法令にのっとり一貫してオープンなプロセスで進められる中で、これは全て議事録もオープンになっている。その選定のプロセスについては、民間有識者も、一点の曇りもないと述べられていると承知をしております。

26＊2017年6月1日の参院農林水産委員会
27＊2017年7月24日の衆院予算委員会

×加計学園の発言は記載せず――安倍晋三首相・佐々木基《もとい》内閣府地方創生推進事務局長

加計学園の獣医学部新設が認められた経緯について、政府は議事録について「4年間を経過した後に公表」という規則を盾に開示していない。開示を強く求める野党議員に対して、事務局の地方創生推進事務局のトップが「てにをは」を除けば「議事に忠実に出すように努力している」と主張したのが、先に公表していた議事要旨だった。

安倍首相も議事要旨の公表をもって、「全て議事録もオープンになっている」と強調した。

しかし、2015年6月に国家戦略特区ワーキンググループが愛媛県と同県今治市からヒアリングした際、加計学園の幹部ら3人が同席して発言していたにもかかわらず、そのことが公表された議事要旨に載っていなかったことが17年8月に判明。政府側は、加計学園の幹部の発言を載せなかったことについて「説明補助者は参加者と扱われず、公式な発言も認めていない」と釈明した。

また、特区諮問会議が獣医学部の新設方針を決めた16年11月9日から事業者の公募が始まる17年1月4日までの約2カ月間、特区での獣医学部設置に絡む政府の会議は未開催だが、この間に「18年4月」という開学時期や「1校限り」で認めることなど、事実上、加計学園に有利になる条件が内閣府主導で決まっていった。だが、その過程を示す議事要旨などは示されていない。

CHECK
28

山本幸三地方創生相

内閣府から文科省に出たメールでありますが、作った方は直接の担当者でもありません。ただ、文科省から出向してきた方でありまして、それが、まあ不適切なことでありますが、陰で隠れて本省の方に御注進したというようなメールであります。そういう意味では、本人が事実を確認してちゃんと出したメールではありません。

2017年6月16日の参院予算委員会

×特区について他省庁との連絡役を務める担当職員だった――山本幸三地方創生相

2017年6月15日、文部科学省が「総理のご意向」などと記された文書とともに、内閣府地方創生推進事務局から文科省行政改革推進室に送られたメールを公表した。

メールの日付は16年11月1日。文面には「添付PDFの文案（手書き部分）で直すように指示がありました。指示は藤原審議官曰く、官邸の萩生田副長官からあったようです」と記されており、獣医学部新設の要件に手書きで「広域的に」「限り」などの文言を追加するよう促す文書が添付されていた。同月9日の国家戦略特区諮問会議で決まった地理的要件と同じ文言だった。

萩生田《はぎうだ》光一官房副長官は「指示を出したことはなく、文科省が公表したメールの内容は事実に反する」と否定するなか、この記載について問われた山本地方創生相はメールを作成した職員について「直接の担当者ではありません」と答弁。文科省からの出向者であり、「陰で隠れて本省の方に御注進したというようなメール」と作成者に対する中傷まで言及した。

しかし、実際にはこの職員は国家戦略特区について他の省庁との連絡役を務める担当職員だった。6月20日の民進党の会合で山本氏の発言の誤りを認めた内閣府の担当者は「職員は他の省庁との連絡役。特区の審査に関わらないという意味で、『直接担当でない』と申しあげた」と釈明した。

CHECK
29

民進・小川淳也氏

監視委員会は、１月20日に調査結果を公表した。前川前次官が辞表を提出したのも１月20日。内閣がこれを承認したのも１月20日。そして、国会召集も１月20日。見事な連係プレーで、国会開会前に事態を収拾しよう、余計な人たちを余計なところに呼ばれないようにしようという工作を行ったのではありませんか。余りにも一致するこのタイミングはどういうことなのか。

松野博一文部科学相

今回の再就職等規制違反に関して、監視委員会から文科省に調査報告が伝達されたのが19日。それに即して、20日に処分を決定し、９名に申し渡しております。その後、本人から辞職の意思が示されて、20日の閣議によってその依願退職が認められた。

菅義偉官房長官

任命権者であります松野大臣が今答えたとおりだというふうに思っています。松野大臣がその処分を行った後に私どもに相談があったということであります。

2017年2月1日の衆院予算委員会

✕ 1月上旬から官邸と進退について協議――菅義偉官房長官

加計学園問題で「総理のご意向」などと書かれた文科省作成文書を認めた前川喜平・前文科事務次官に対しては、菅官房長官が同省の組織的な「天下り」問題を持ち出して、「当初は責任者として自ら辞める意向をまったく示さず、地位に恋々としがみついておりました」と非難。2017年7月12日の記者会見では、「実は1月6日に杉田（和博官房）副長官から前川さんに対して（中略）処分については自ら率先してやるべきじゃないかという話をしたと。そしたら（中略）1月6日だったか、7日だかわかりませんが、そう言われた後に、杉田副長官から報告を受けて、『そう言いました。それでよろしいですね』と言われましたので、『それは当然でしょう』ということを実は申し上げた」と説明した。

この菅氏の説明は前川氏の説明と食い違うところもあるが、右ページに示したように、菅氏はそもそも2月1日の衆院予算委員会では、1月20日に松野博一文科相が前川氏らの処分をした後に相談があったと主張していた。国会召集前の調整を否定する狙いがあったと見られるが、政権に不利な事実を証言した前川氏への憤りから、過去の答弁の誤りまで露呈した。

CHECK
30

希望・今井雅人氏

愛知県の公立中学校が、文部科学省の前川前事務次官を先月授業の講師に呼んだところ、文部科学省から、教育委員会を通じて、授業の内容や録音の提出を求められたということがわかりました。（中略）レクをお伺いしたら、例えば、教科書を使わないで授業をしているとか、極端に授業がおくれているとか、何か教えている場でいろいろ、教え方が大変問題があるという内容について、外部の方から御意見が来たらそこから調査をするということはあるという話でした。今回は、何か外部からそういう意見があってこの調査は始まっているんですか。

白間竜一郎文部科学省大臣官房審議官

本調査につきましては、本件の担当課におきまして、２月17日に報道された新聞記事を確認したことが今回の調査のきっかけとなったものでございます。

2018年3月16日の衆院財務金融委員会

×自民党議員の照会が発端――白間竜一郎文部科学省大臣官房審議官

加計問題を告発した前川喜平・前文部科学事務次官に対する政権のマークは続いた。

前川氏は2018年2月16日に名古屋市立の中学で講演したが、その講演をめぐって、文科省が名古屋市教育委員会に対し、学校に招いた経緯について照会をかけていたのだ。

照会のメールでは、前川氏について「天下り問題により辞職し、停職相当とされた」「在任中に出会い系バーの店を利用していたことが公になっています」と指摘。「道徳教育が行われる学校の場に、どのような判断で依頼されたのか」などと問い、講演録や録音データの提供を求めており、与野党から「国家権力による教育現場への介入だ」「学校現場が萎縮する」といった批判が出た。

文科省は照会が発覚した当初、新聞の報道が調査のきっかけと説明していたが、実際には、自民党の赤池誠章《まさあき》・文科部会長が藤原誠文科省官房長に送ったメールが発端だった。

赤池氏は、前川氏が公立学校で授業する点に問題がないか、確認するため問い合わせ、官房長は2月18日に「対応します」と赤池氏に返信していた。

その後、文科省は2月19日に電話で市教委に問い合わせをして、池田佳隆・同部会長代理に報告したが、「詳細がわかれば教えて欲しい」と依頼されたため、メールで15項目の質問を市教委に送っていた。質問内容についても、池田氏の意見を踏まえて2カ所修正していた。

CHECK
31

民進・木内孝胤氏　加計学園の関連の大学の千葉科学大学の客員教授に内閣人事局長である萩生田光一官房副長官。公正な政策決定がなされたと本当にお考えでしょうか。

山本幸三地方創生相　私は、全く公正中立、透明にやったというふうに思っております。

木内氏　木曽功さんという元文部科学官僚、ユネスコ大使やその後内閣官房参与を務められた方が、今加計学園グループの千葉科学大学の学長を務めています。木澤克之さんという加計学園の監事を務めていた方が、弁護士会が「異例だ」と声明を出すくらい異例な形で最高裁判事に就任をしています。御案内のとおり、加計孝太郎理事長は安倍総理の腹心の友であり、過去２年間で12回、ゴルフ、会食を一緒になさっています。昭恵夫人も御影インターナショナルの名誉園長か校長ですか、も務めていらっしゃるようです。ここまでずぶずぶの関係でいながら、これが公正な形で進められたと国民の皆さんが本当に思うのかどうなのか。

2017年3月30日の衆院地方創生特別委員会

×最高裁判事は慣例通り日弁連が推薦――民進・木内孝胤《きうちたかたね》氏

安倍政権が進めた加計学園の獣医学部新設について、「公正中立、透明にやった」と主張する山本幸三地方創生相に対して、木内孝胤氏は加計学園と政権との間のさまざまな人脈を指摘し、疑念を正す質問のなかで、加計学園の監事を務めていた木澤克之氏の最高裁判事起用について「異例」と触れた。

弁護士出身の木澤氏は、2016年6月の閣議決定で安倍政権が最高裁判事に任命した。しかし、日本弁護士連合会によれば、慣例通り、日弁連が政府に推薦した候補のなかから選ばれており、日弁連が木澤氏に関して声明を出した事実もない。

ネット上では、この人事と日弁連推薦の候補が外された17年1月の最高裁人事を混同し、「加計学園監事に異例の人事」などと誤った情報を流すサイトが相次いでいる。木内氏も取り違えた理由について「何かネットで記事のようなものを見た」と朝日新聞の取材で釈明した。

CHECK
32

記者　７月の国会で、安倍さんが、加計学園が今治で特区になったと知ったのは１月20日だったと、あの証言で逆に疑念がふくらんでいる。イエス、ノーで教えていただきたいが、本当に１月20日だったとこれからもおっしゃり続けるわけですね。

安倍晋三首相　まず、朝日新聞は、先ほど申しあげた八田〔達夫・国家戦略特区ワーキンググループ座長〕さんの報道もしておられない。

記者　しています。

首相　ほとんどしておられない。しているというのはちょっとですよ。ほんのちょっと。アリバイづくりにしかしておられない。加戸〔守行・前愛媛県知事〕さんについては、〔国会で〕証言された次の日には全くしておられない。

記者　しています。

首相　これはぜひ、国民の皆さん、新聞をよくファクトチェックしていただきたいと思います。いまの答えについては、イエスであります。

2017年10月8日の日本記者クラブでの党首討論会

× 加戸、八田両氏について報道している――安倍晋三首相

安倍首相が加計学園の獣医学部新設計画を知ったのは2017年1月20日だったとする発言の信憑《しんぴょう》性は、衆院選の党首討論会でも問われた。

首相は質問に答える前に、「八田さんの報道もしておられない」「加戸さんについては、〈国会で〉証言された次の日には全くしておられない」と主張。記者が反論すると、「ぜひ、国民の皆さん、新聞をよくファクトチェックしていただきたい」とテレビを通じて国民に呼びかけた。

しかし、朝日新聞は加戸氏については、閉会中審査が開かれた翌日の7月11日と25日付の朝刊でそれぞれ発言を紹介。特に11日付朝刊では、知事就任早々から獣医学部誘致に取り組んできた加戸氏が「『加計ありき』と言うが、12年前から声をかけてくれたのは加計学園だけだ。東京の有力な私学に声をかけたが、けんもほろろだった。結局、愛媛県にとって12年間、加計ありきできた。この1年、2年の間で『加計ありき』ではない。愛媛県の思いが、この加計学園の獣医学部に詰まっているからだ」と発言したことを見出しも立てて報じた。

八田氏についても、閉会中審査で、獣医学部新設の決定プロセスを「一点の曇りもない」とした答弁を7月25日付の朝刊で報じたほか、17年3月下旬以降に10回以上、八田氏の発言や内閣府のホームページで公表された見解などを掲載している。

CHECK 33

民進・玉木雄一郎氏

2015年４月２日、今治市の担当課長、課長補佐が官邸に来て話をした、会った。会っていますよね。

柳瀬唯夫元首相秘書官（経済産業審議官）

私が秘書官をしていましたのは平成27年前半までですけれども、そのころは、そもそも獣医学部の新設をどうするかという制度論が議論をされておりまして、制度を具体的にどこに適用するかという話はまだなかったと記憶をしてございます。この関連で、内閣府の担当部局と何度か打ち合わせをした記憶はございます。私の記憶のある限りでは、今治市の方にお会いしたという記憶はございません。自分の担当することについていろいろな方々とお会いすることはありますけれども、秘書官時代に、自分の面談記録とか誰に会ったとかという記録は特にとってございませんでした。手帳も含めて、そういう、どなたにお会いしたとかというのは、一切、全く書いたことはございません。

安倍晋三首相

今治市職員の方が誰と面会したかについては、既に副長官が国会で答弁しているとおり、記録が保存されておらず確認できなかったと承知をしております。

2017年7月24日の衆院予算委員会

✕ 愛媛県の記録で認める――柳瀬唯夫《やなせただお》元首相秘書官

加計学園の獣医学部新設をめぐっては、愛媛県・今治市が国家戦略特区の正式な申請をする前の2015年4月2日、今治市職員が首相官邸を訪問していたことが今治市の情報開示した公文書で明らかになり、その後、面会相手は当時、安倍首相の秘書官だった柳瀬唯夫氏で、加計学園関係者や愛媛県職員も同席していたと報じられた。

17年7月24、25日の衆参両院の予算委員会でこの面会を問われた柳瀬氏は「お会いしたという記憶はございません」、首相官邸も「記録が保存されておらず確認できなかった」と繰り返した。18年4月10日には、柳瀬氏がこの面会で「本件は、首相案件」と述べたと記されている愛媛県の文書の存在を朝日新聞が報じたが、それでも「記憶の限りでは、愛媛県や今治市の方にお会いしたことはない」と否定するコメントを文書で発表した。

ところが、愛媛県の記録文書を中村時広知事や農林水産省が認める事態に追い込まれ、柳瀬氏は18年5月10日の衆参両院の予算委員会で「随行者の中に愛媛県や今治市の方がいたかは私にはわかりません」としながらも、「加計学園の方、その関係者の方と面会した」と認めた。

社民党の福島瑞穂氏から「記憶喪失が戻ったのはいつですか」と問われた柳瀬氏は「私はずっと一貫して加計学園の方とお会いしたという記憶はございましたので、記憶喪失がなくなったとか、そういうことは全くございません。私の記憶は一貫してございます」と主張した。

CHECK
34

柳瀬唯夫元首相秘書官（経済産業審議官） 加計学園の事務局の方から面会の申し入れがありまして、（中略）相手方は10人近くの随分大勢でいらっしゃいました。加計学園の事務局に同行された獣医学の専門家の元東大教授が、獣医学教育に関するお話を情熱的にとうとうとされた覚えがございます。（中略）面会では、メインテーブルの真ん中にいた元東大教授の方がほとんどお話しになっていて、それと、加計学園の事務局の方がお話しになっておりました。そのために、随行されていた方の中に愛媛県の方や今治市の方がいらしたかどうかという記録は残ってございません。ただ、その後の一連の報道や関係省庁による調査結果を拝見しますと、随行者の中に愛媛県や今治市の方たちがいらっしゃったのかもしれないなというふうに思います。

自民・後藤茂之氏 名刺の交換をされなかったのでしょうか。

柳瀬氏 （前略）随行者の方々全員と名刺交換をしたかどうかはわかりません。ふだんから、失礼にならないように、自分から名を名乗って名刺交換をするように心がけておりますが、多くの方とお会いするために、交換した名刺の中で保存するのはごく一部でございます。今回の件で、私が保存している名刺の中に今治市や愛媛県の方の名刺はございませんでした。

2018年5月10日の衆院予算委員会

✕ 名刺を交換、元東大教授は面会に同行せず――柳瀬唯夫元首相秘書官

愛媛県や今治市の職員との面会について、10カ月近く、「記憶にない」と否定してきた柳瀬唯夫元首相秘書官は、参考人招致された2018年5月10日の衆院予算委員会で「メインテーブルの真ん中にいた元東大教授の方がほとんど話をされていて」「随行者の方々の全員と名刺交換をしたかどうかはわかりません」と述べ、これまでの主張との整合性をとろうとした。

しかし、愛媛県の中村時広知事が翌11日、県職員が面会時に受け取ったとする柳瀬氏の名刺を公開。今治市も同日、同席した職員が柳瀬氏と名刺交換したことを明らかにした。

柳瀬氏は5月10日に「バックシートにも何人か座っていらっしゃったように思います」と述べていたが、中村知事は県職員3人を含む計6人の面会者全員がメインテーブルに座り、「県の職員としてしっかり発言している」と反論。さらに、主に話していたと柳瀬氏が紹介した吉川泰弘元東大教授（現・岡山理科大獣医学部長）についても、中村知事は「吉川氏は出席していない」と明言した。

柳瀬氏は中村知事の記者会見を受け、5月11日、「3年前のことなので、記憶があやふやなところ、覚えていないことがあったこと、あるいは私の言葉に配慮が足りなかったことで愛媛県の関係者の皆様に不快な思いをさせたのであれば大変申し訳なく、おわび申し上げる」と陳謝した。

CHECK
35

学校法人加計学園

一連の愛媛県文書にある打合せの内容について、当時の関係者に記憶の範囲で確認出来た事を下記のとおりコメントいたします。

当時は、獣医学部設置の動きが一時停滞していた時期であり、何らかの打開策を探しておりました。そのような状況の中で、構造改革特区から国家戦略特区を用いた申請にきりかえれば、活路が見いだせるのではないかとの考えから、当時の担当者が実際にはなかった総理と理事長の面会を引き合いに出し、県と市に誤った情報を与えてしまったように思うとの事でした。その結果、当時の担当者の不適切な発言が関係者の皆様に、ご迷惑をお掛けしてしまったことについて、深くお詫び申し上げます。

なお、学生たちの平穏な教育環境を確保することが大学の責務と考えますので、夢と希望に満ち溢れて、勉学に励んでいる在学生を、どうぞ温かく見守っていただきますようお願い申し上げます。

2018年5月26日に報道機関に出した加計学園のコメント

△安倍首相との面会を否定しても矛盾――学校法人加計学園

愛媛県が２０１８年５月21日、15年４月２日に県職員らが柳瀬唯夫首相秘書官（当時）と首相官邸で会うまでの経緯が記録された27枚の文書を参議院に提出した。そのなかの文書には学園側の報告として「２／25に理事長が首相と面談（15分程度）」「首相からは『そういう新しい獣医大学の考えはいいね』とのコメントあり」と記されていた。加計学園の獣医学部新設計画について、加計孝太郎理事長とのやりとりや、柳瀬秘書官からの報告を否定し、あくまで「17年１月20日」に初めて知ったという安倍首相の主張に反する内容だった。

県が文書を提出した後も安倍首相が面会を否定するなか、学園が報道各社にファクスで送ったのが「実際にはなかった総理と理事長の面会を引き合いに出し、県と市に誤った情報を与えてしまった」と釈明するコメントだった。しかし、否定の根拠は示さなかった。

また、「面会」は県文書に複数登場し、面会がなかったとすれば成り立たない記述がある。たとえば加計学園の「面会発言」があったとされるメモには県と学園の打ち合わせが「理事長と首相との面談結果等について報告したい」という学園の申し出で開かれたとある。市と学園との協議内容を記した文書にも「面会を受け柳瀬首相秘書官から資料提出の指示」「理事長と総理との面会時の学園提供資料」と面会があったことが前提の記述だ。

学園は面会があってもなくても、「虚偽の説明をした」と言われる事態に追い込まれた。

誤った答弁によって「空費」された国会審議

森友・加計学園問題では、政府側の誤った答弁によって、国会審議の「空費」が生じた。代表的な例では、加計問題で、内閣府から「官邸の最高レベルが言っている」「総理のご意向だと聞いている」と言われたなどと記した文部科学省の文書をめぐるやりとりだ。

朝日新聞が2017年5月17日に文書の存在を報道したが、政府は半日間調べただけで「文書は確認できなかった」と結論づけ、野党の追及に対して、「内容をコメントする立場にない」との答弁を繰り返した。

【5月17日】
・衆院文部科学委員会…民進・玉木雄一郎氏＝10分5秒、共産・大平喜信氏＝2分50秒、社民・吉川元氏＝8分18秒
・衆院農林水産委員会…民進・岡本充功《みつのり》氏＝14分20秒
【5月18日】
・参院農林水産委員会…民進・櫻井充氏＝①11分45秒、②2分38秒
・衆院農林水産委員会…民進・宮崎岳志氏＝①7分50秒、②5分40秒
【5月22日】
・参院決算委員会…民進・磯崎哲史《てつじ》氏＝14分40秒、共産・小池晃氏＝8分15秒、民進・大

島九州男《くすお》氏＝22分30秒

【5月23日】
・参院文教科学委員会…民進・斎藤嘉隆氏＝14分5秒
・参院農林水産委員会…民進・櫻井充氏＝5分35秒

【5月25日】
・参院農林水産委員会…民進・櫻井充氏＝11分20秒
・参院文教科学委員会…民進・斎藤嘉隆氏＝19分50秒、無所属・松沢成文《しげふみ》氏＝9分50秒

【5月26日】
・衆院文部科学委員会…民進・今井雅人氏＝29分40秒、社民・吉川元氏＝18分

【5月31日】
・衆院農林水産委員会…民進・宮崎岳志氏＝2分40秒

【6月1日】
・参院農林水産委員会…民進・舟山康江氏＝1分25秒

【6月5日】
・参院決算委員会…民進・古賀之士《ゆきひと》氏＝5分50秒、社民・又市征治氏＝12分5秒
・衆院決算行政監視委員会…民進・今井雅人氏＝17分5秒

【6月6日】

・参院内閣委員会…民進・杉尾秀哉氏＝7分10秒、共産・田村智子氏＝2分25秒、民進・櫻井充氏＝2分10秒

（※6月7日～16日にも、延べ17人が質問）

文書の存在を審議で認めたのは17年の通常国会の事実上の最終日となる6月16日だった。この間、22回の委員会で延べ41人の野党議員が再調査や内容の確認を求め、6月16日の釈明・説明も含めて計7時間44分が費やされた。通常の国会審議1日分以上に相当する時間を空費した形だ。

15年4月2日に愛媛県や今治市の職員が加計学園幹部と一緒に柳瀬唯夫首相秘書官（当時）と面会した件では、黒塗りされた今治市の開示文書のなかに市職員が首相官邸を訪れた記述があったことから、官邸側の対応した人物が問われたが、官邸は「記録がない」と言って確認を事実上拒否。「それは今治市に聞かれたらいかがでしょうか」（菅義偉官房長官）と木で鼻をくくるような対応をし、17年の通常国会中だけでも、計2時間23分のやりとりが費やされた。その後、同年7月の閉会中審査に出席した柳瀬氏は「記憶にない」と繰り返したが、愛媛県の文

書が明らかになり、18年5月に柳瀬氏はようやく面会の事実を認めた。

公文書の改竄まで行われた森友学園で生じた審議時間の空費はさらに多いと見られる。野党が資料に基づいて個別の事実関係を示して質問しても、政府が「確認しない」「記憶・記録にない」と言って明示的に確認を拒むことによって空費された時間は、問題が報道された17年2月9日から同年5月31日までの間だけで計8時間13分。これは衆参両院の本会議のほか、財務省との関連が深い衆参の予算委員会、衆院決算行政監視委員会、参院決算委員会、衆院財務金融委員会、参院財政金融委員会の審議を対象に調べたもので、実際には衆参の国土交通委員会などでも同様のやりとりが行われており、さらに空費された時間は膨らむ。佐川宣寿・財務省理財局長（当時）が交渉記録を「廃棄した」と答弁してから、約950ページの交渉記録を開示するまでおよそ1年3カ月かかったが、国会質問前のヒアリングなども加味すると、政府の嘘によって、膨大な国政の無駄が生じたことになる。

第二章　アベノミクス

CHECK
36

安倍晋三首相

安倍内閣では、政権交代後、長引くデフレから脱却し、日本経済を力強く成長させていくため、これまでとは次元の違う政策として、大胆な金融政策、機動的な財政政策、民間投資を喚起する成長戦略の三本の矢に一体として取り組んできました。こうしたアベノミクスの取組により、極めて短い期間でデフレではないという状況をつくり出す中で、名目ＧＤＰは11.7%、58兆円増加し、過去最高となりました。今後も、デフレ脱却、そして力強い成長のため、三本の矢の政策を継続していく考えに変わりはありません。働き方改革、生産性革命、人づくり革命など、あらゆる政策を総動員し、名目ＧＤＰ600兆円経済の実現を目指してまいります。

2018年3月9日の参院本会議

○GDPの基準改定による「嵩上《かさあ》げ」の指摘も――安倍晋三首相

約6年あまりの安倍政権を支えているのが、異次元の金融緩和を柱にしたアベノミクスだ。名目GDP（国内総生産）は、民主党政権末期の2012年10～12月期に493兆円だったが、17年10～12月期には551兆円へと増加。安倍晋三首相はこうしたさまざまなデータを持ち出し、民主党政権時代との違いをアピールしてきた。

ただし、安倍政権になって15年にGDPの基準改定をしている。この改定によって生じた改定差は、05～12年が18・0～20・5兆円のプラスに対し、13～15年は25・0～31・6兆円のプラス。安倍政権になってからの増額幅が大きい傾向が出ている。

15年はアベノミクスの「新三本の矢」として「名目GDP600兆円」を打ち出した年とも重なる。18年9月の自民党総裁選に立候補した石破茂・元自民党幹事長は政策発表の記者会見で、アベノミクスの現状について、「〔金融緩和の〕カンフル剤がいつまでも続くわけではない」「都合のいい数字ばかりが強調されるのは、政策の展開にあたって決してよいことだと思わない」と疑問視。配布した資料では、GDPの伸び幅について「統計見直しによる嵩上げ」と指摘した。

CHECK
37

安倍晋三首相

皆さん、この３か月間だけで私たちは４万人の雇用を生み出すことができました。これは皆さん、残念ながら皆さん３年３か月やって全くできなかったことを私たちは今やっているんです。そして、このように景気が上昇して、賃金が上がって、そのことによって初めて、皆さん、年金の保険料収入は上がっていくし、そしてさらに今、年金財政、年金運用もプラスになっていくんだということは申し上げておきたいと思います。

民主・海江田万里代表

ファクトで申し上げますが、私どもは、昨年の秋から実は日本経済は、これは上昇基調に向かっているわけです。10月から12月の時点からこれは、GDPはプラスに転じています。それから、もちろん私どもの３年３か月の間に失業率も増えました。それから、為替の市場でも、昨年９月が一番円高のピークでありまして、そこから徐々に円安に向かっていったんです。

2013年4月17日の国家基本政策委員会合同審査会

✕ 民主党政権時代も失業率は下落している――民主・海江田万里代表

民主党が政権から転落し、安倍政権に替わって初めての党首討論。経済評論家出身の民主党の海江田万里代表は、物価上昇などアベノミクスの「副作用」に照準を合わせた。

「物価が上がったときに、例えば年金生活者はどうすればいいいんですか」

そう問いただした海江田氏に対し、安倍首相は2012年末の就任以来、雇用の増加や賃金の上昇、内閣府の景気ウォッチャー調査の指数が良くなっているという約3カ月間の実績を並び立てるなかで、「残念ながら皆さん3年3カ月やって全くできなかったことを私たちは今やっているんです」と民主党政権を皮肉った。

この首相の勢いに押されるように、海江田氏の口をついたのが「私どもの3年3か月の間に失業率も増えました」という発言だ。

しかし、自公政権から民主党政権に変わった09年9月に5・4%だった失業率は、10年12月には5%を切り（4・9%）、安倍内閣にバトンタッチした12年12月には4・3%まで低下した。東日本大震災の影響で被災地が調査対象から外れていた時期（11年3～8月）もあったが、民主党政権の3年3カ月の間に「5・4%」より悪化することはなかった。

自らの政権担当時代の状況を正確に主張できず、誤った情報を口走ってしまった海江田氏の姿は、野党が攻めあぐねたアベノミクス論争を象徴するスタートになった。

CHECK
38

安倍晋三首相

　有効求人倍率も47全ての都道府県で１倍を超えました。１人の求職者に対して１人分以上の仕事がある。（発言する者あり）まだ言っているという、今まだ言っているというやじが飛びましたが、あなたたちはたった八つの県でしかそれを実現できなかった。その反省から始まらない限り皆さんに対する支持は戻りませんよ。

民進・蓮舫代表

　総理、よく分かりました。総理は、いいときは自分の功績、悪いときは人のせいだということが。４年前に敏感になるのは分かりますが、そろそろ今に、今に敏感になってください。総理は４年前に敏感で今に鈍感過ぎます。確かに雇用は広がって有効求人倍率は改善されたかもしれませんが、それは東京に一極集中で出てきているからじゃないですか。地方に仕事がないじゃないですか。

2016年12月7日の国家基本政策委員会合同審査会

×東京だけでなく全国で求人増——民進・蓮舫《れんほう》代表

2016年12月の党首討論は、安倍首相が「成長戦略」の一つと位置づけるカジノ解禁法案の採決を控えるなか行われた。

「総理、4年待ちました。異次元の金融緩和、大胆な財政出動、いつ景気が良くなるのか。TPPは発効の見通しが難しくなった。残っている成長分野は何か。カジノですか。私は反対です。納得できる、強行採決をする理由を教えてください」

こう迫った蓮舫代表に対し、安倍首相は雇用が改善したデータを中心に実績を並び立てた。そこで蓮舫氏が行った反論が、「地方に仕事がない」から有効求人倍率が改善されたという主張だ。

しかし、都道府県別の有効求人数（年平均）を安倍首相が就任した2012年と15年で比べると、全ての都道府県で増えており、「地方に仕事がない」とは言えない。

実際、労働力調査によると、仕事を持っている就業者は東北が446万人から約1万人減ったものの、他の地域は横ばいか増加となっている。

蓮舫氏は、カジノ法案の成立を急ぐ理由から論点をずらそうとする安倍首相の戦略にはまってしまい、「間違っています。驚くべき議論だ」と首相から攻撃される隙を与えることになった。

CHECK
39

民主・黒岩宇洋氏

アベノミクスが4年目に入りました。しかし、特に私の住んでいる新潟県、特に地方の人たちからは、アベノミクスの豊かさの実感が全く感じられない、この声ばかりが私のところに届けられます。私がミニ集会でアベノミクスという単語を出すと、ため息まじりに、残念なことにくすっと笑われるような、そんな単語に今なってしまっている。何でこれほど地方でアベノミクスの実感ができないのか。

安倍晋三首相

新潟県を見てみましょう。有効求人倍率は、我々が政権をとる前は0.83倍でありました。今はどうか。（黒岩委員「実感の話をしています」と呼ぶ）1.25倍ですよ。実感は人によって違いますから。数値はうそはつきません。数値はうそはつかない。（中略）

黒岩さんの会った人がたまたまそう言ったかもしれませんが、これはいろいろな人に聞いていただきたい。誰がこう言っていたかということでは、こちら側に座っている皆さんは、いや、そうではないと言う人はたくさんいるわけでありますが、だから、何が客観的な数字かといえば、今申し上げた、やはり仕事があるのが一番です。仕事があるのが一番。ですから、有効求人倍率についてお話をしているわけであります。

例えば、では、倒産というのは大変ですよね。例えば新潟県の倒産件数は、これは142件が94件に減っているんですよ。こういう客観的な数字に向き合うことが大切だろう。

2016年2月5日の衆院予算委員会

△景気ウォッチャー調査では景気の実感が悪化――安倍晋三首相

アベノミクスが始まって4年目を迎えるなか、その恩恵が地方にも広がっているかどうかが問われるなかでの質疑で、安倍首相は「豊かさの実感が全く感じられない」という地方の声を取り上げた民主党議員の質問に対して、雇用状況の改善の数値を持ち出して「実感は人によって違いますから。数値はうそはつきません」と反論した。

しかし、安倍首相はアベノミクスの金融緩和の効果が目立っていた2013年4月の党首討論のなかでは、「一般の人の実感」として、内閣府がタクシーの運転手、小売店の店長、娯楽施設の従業員、自動車ディーラー、派遣従業員などを対象に実施している景気ウォッチャー調査の指標が改善していることを誇っていた。

黒岩氏との質疑が行われた直近の景気ウォッチャー調査（16年1月）によれば、景気の実感について、「やや悪くなっている」が23・7％、「悪くなっている」が4・6％、「変わらない」が53・7％。「良くなっている」の1・3％、「やや良くなっている」の16・8％を上回っていた。この調査は3カ月前との実感を比較するものだが、第2次安倍政権発足以来、「変わらない」「やや悪くなった」「悪くなった」の合計は常に6割を上回っている。

実感が感じられないと言う人の存在を「たまたま」と切り捨て、そうではない人が「たくさん」というのは根拠に乏しい。

CHECK
40

安倍晋三首相

最大のテーマは、世界経済でありました。こうした事情を背景に、世界経済の成長率は昨年、リーマンショック以来、最低を記録しました。今年の見通しも、どんどん下方修正されています。先進国経済は、ここ数年、慢性的な需要不足によって、デフレ圧力に苦しんできましたが、これに、新興国の経済の減速が重なったことで、世界的に需要が、大きく低迷しています。最も懸念されることは、世界経済の「収縮」であります。世界の貿易額は、2014年後半から下落に転じ、20%近く減少。リーマンショック以来の落ち込みです。中国の輸入額は、昨年14%減りましたが、今年に入っても、更に12%減少しており、世界的な需要の低迷が長期化するリスクをはらんでいます。現状をただ「悲観」していても、問題は解決しません。私が議長として、今回のサミットで、最も時間を割いて経済問題を議論したのは、「悲観」するためではありません。しかし、私たちは、今そこにある「リスク」を客観的に正しく認識しなければならない。リスクの認識を共有しなければ、共に力を合わせて問題を解決することはできません。ここで、もし対応を誤れば、世界経済が、通常の景気循環を超えて「危機」に陥る、大きなリスクに直面している。私たちG７は、その認識を共有し、強い危機感を共有しました。

2016年5月27日のG7サミット議長記者会見

△首相が繰り返した「リーマンショック級」の危機には異論——安倍晋三首相

安倍首相は10％への消費税引き上げを1年半延期した2014年の衆院選の際、「今回のような景気判断による再延期はしない」と表明。「リーマンショックや大震災のような重大な事態が発生しない限り、〔17年4月に〕確実に実施をしていく」と説明してきた。

それにもかかわらず、参院選を控え、増税再延期を狙った安倍首相は16年5月のG7伊勢志摩サミットの討議で、商品価格や新興国経済に関する指標を並べ、「リーマン前と状況が似ている」とする資料を配布。締めくくりの議長会見でも、「リーマンショック」という言葉を7回も使って、世界経済のリスクを強調。「大きなリスクに直面しているという認識で一致した」と述べた。

しかし、フランスのオランド大統領は「かつては、全首脳が『我々が危機の最中にいる』ということを認識していた」とリーマンショック直後の状況と比較し、「今はむしろ、私たちは危機の後にいる」と指摘。他の首脳も「リーマンショック級の危機」を共有したわけではなかった。

こうした状況について欧米メディアは、「世界の指導者は安倍首相の懸念に同調せず」（英タイムズ紙）と報道。安倍首相が公約に反して消費増税を延期するために、「危機」への警告にG7首脳のお墨付きを得ようとしたものだと分析した。

CHECK
41

民進・小川敏夫氏

平成25年、安倍総理が総理になられたときの予算委員会でお尋ねしたところ、安倍総理は「今回は明確に日本銀行に責任として、責任が生ずるんですよ、できるだけ早い時期に達成できなければ日本銀行の責任なんですよ」と2%の物価目標について言っていらっしゃる。しかし、4年たってもできていませんし、いつ達成できるとも言っていません。日本銀行の責任はどうやって取らせるんですか。

安倍晋三首相

そのときも申し上げていると思いますが、責任というのはまさにこれは説明責任であります。（発言する者あり）いや、これは、説明責任というのは、これは国際的な常識であります。言わば中央銀行が負う説明責任でありまして、言わば政府に対して説明責任を負っているということでありまして、政府の立場としては、日本銀行総裁のこの2%物価安定目標に対する遅れについての説明については了としているところであります。

2017年2月28日の参院予算委員会

✕ 当初は「説明責任」ではなく結果責任を強調――安倍晋三首相

「年率2%のインフレ目標」は、アベノミクスの目玉で、安倍首相が起用した黒田東彦《はるひこ》総裁が率いる日本銀行は、「異次元緩和」と呼ばれる大胆な金融政策を始め、大規模な国債買い入れ、マイナス金利、長期金利操作など、次々と新しい緩和策を打ってきた。

しかし、消費者物価上昇率は黒田氏の就任時（2013年3月）のマイナス0・5%というマイナス圏は脱したものの、「2年程度」とした達成時期は先送りが続いているなかで、その責任が問われた。

安倍首相が「そのときも申し上げている」と振り返っているのは、第2次安倍政権が発足した直後の13年2月18日の参院予算委員会で、小川敏夫氏とやりとりした内容と見られる。

ここでは、首相は民主党政権時代の「1%目途」と打ち出した政策との違いを強調。「今回は明確に日本銀行に責任として、責任が生じるんですよ。できるだけ早い時期に達成できなければ日本銀行の責任なんですよ。つまり、そこに大きな違いがある」と述べ、その「責任」が説明責任であることには触れず、「今こうやって百の説明をするよりも、実際に市場が反応したかどうか、これが全てなんですね」とまで語っていた。

CHECK
42

安倍晋三首相

児童扶養手当及び子供の貧困対策についてお尋ねがありました。子供の貧困への取組は極めて重要であります。子供たちの未来が家庭の経済事情によって左右されるようなことがあってはなりません。経済的にも様々な困難を抱えているひとり親家庭や子供の多い世帯にはきめ細かな支援が必要です。このため、多子加算については、必要な財源を確保し、子供が２人以上の一人親家庭の加算額を倍額にする改正を行いました。第２子の加算額については約36年ぶり、第３子以降の加算額については約22年ぶりの引上げとなります。その際、特に経済的に厳しい状況にある御家庭に重点を置いて支援するため、所得に応じて支給額を調整する仕組みを設けました。民主党政権の３年３か月、22億円どころか、児童扶養手当はたったの１円も引き上がりませんでした。重要なことは、言葉を重ねることではありません、結果であります。百の言葉より一の結果であります。

2016年9月28日の参院本会議

×　民主党政権時代に父子家庭の手当を新たに創設――安倍晋三首相

安倍政権は２０１５年12月、子どもの貧困解消に向けた政策パッケージをまとめ、その目玉政策として、低所得のひとり親に対する児童扶養手当の支給額を16年８月分から引き上げることを決めた。

それまで２人目の子ども分として月５０００円、３人目以降は月３０００円ずつ一律に支給されていたが、所得に応じて最大で倍額を支給する内容。１人目の支給額は最大月４万２０００円のまま据え置いたが、引き上げは２人目が36年ぶり、３人目以降が22年ぶりだった。

安倍首相が自身の実績を語ったところまでは事実だが、22億円の追加投入で所得制限を入れないよう求めた蓮舫氏に対して、「たったの１円も引き上がりませんでした」と民主党政権時代の「無策」ぶりを印象づけて、跳ね返そうとした。

しかし、民主党政権では２０１０年に児童扶養手当を父子家庭にも広げる法改正を行っている。非正規労働者の増加などを受け、年間の就労収入が３００万円未満の父子家庭が４割近くに上るなど、父子家庭の貧困も問題になってきたからだ。約10万世帯が新たな対象になり、１年間で１５０億円ほどの予算措置をしている。

CHECK
43

立憲民主・長妻昭氏

裁量労働制という働き方を拡大すると、確実に過労死がふえると思います。総理、労働法制は岩盤規制で、削りゃいいんだという意識は変えていただきたい。

安倍晋三首相

岩盤規制に穴をあけるには、やはり内閣総理大臣が先頭に立たなければ穴はあかないわけでありますから、その考え方を変えるつもりはありません。それと、厚生労働省の調査によれば、裁量労働制で働く方の労働時間の長さは、平均的な方で比べれば一般労働者よりも短いというデータもあるということは御紹介させていただきたいと思います。

2018年1月29日の衆院予算委員会

×異なる質問のデータを比較——安倍晋三首相

安倍首相は2018年の通常国会を「働き方改革国会」と銘打ち、裁量労働制の対象拡大などを盛り込んだ法案について、「裁量労働制で働く方の労働時間の長さは、平均的な方で比べれば一般労働者よりも短いというデータもある」とメリットをアピールした。

首相答弁の根拠になったのは厚生労働省が13年に公表した「労働時間等総合実態調査」だが、独立行政法人「労働政策研究・研修機構」の調査結果では、裁量労働制で働く人の方が一般労働者より労働時間が長いとする結果が出ている。首相答弁に疑問を持った野党議員が追及した結果、首相答弁の根拠となった厚労省調査では、一般労働者には「最長」の残業時間を聞く一方、裁量労働制で働く人には単に労働時間を尋ねており、質問そのものが異なるものを比較していたことが判明した。裁量労働制で働く人より一般労働者の労働時間の方が長い集計結果が出やすい形での比較で、政府は2月19日、「極めて不適切」と陳謝した。

また、2月20日の衆院予算委員会では、安倍首相が、裁量労働制で働く人の方が一般労働者より労働時間が長いという「労働政策研究・研修機構」の調査結果を1月29日朝の答弁準備の過程で知りながら、触れなかったことも明らかになった。

CHECK 44

立憲民主・枝野幸男代表

このベースになっていたデータは全部残っているようですね。どこの事業所という固有名詞は消さなきゃいけないと思いますけれども、全部出してください。それから、どういう計算根拠に基づいて、どういう計算の仕方でこうした平均時間を出してきているのか、そのデータを出してください。

加藤勝信厚生労働相

今、実際の調査票はなくなっているということでありますが、それを踏まえて打ち込んだ個々のデータはあるということでございますので、今それを精査させていただいておりますし、今、委員の要望については、どういう形でお出しできるかを含めて対応させていただきたいと思います。

2018年2月14日の衆院予算委員会

✕ 地下の倉庫から原票が発見――加藤勝信《かつのぶ》厚生労働相

２０１３年度の「労働時間等総合実態調査」は働き方改革関連法案に関わる厚生労働省の労働政策審議会にも提出された資料だった。厚労省がデータを不適切に比較していたため、野党が調査の原票を提出するよう求めたが、厚労省は当初、「なくなっている」と主張していた。

しかし、野党の追及が続くなか、２月20日に厚労省の地下倉庫で見つかった。過去に薬害エイズ事件をめぐり、旧厚生省が「ない」としていた肝炎患者の個人情報ファイルが置かれていたのも、省内の倉庫だった。

発見された調査の原票は1万件以上あり、段ボール32個分。

国会で追及された加藤勝信厚労相は「私の認識では『ない』というふうに聞いておりましたから……」と釈明した。

CHECK 45

立憲民主・尾辻かな子氏　勝田労働局長、「是正勧告」という言葉、使いましたか、使っていませんか。

勝田智明東京労働局長　どの部分を指していらっしゃるのか少し理解ができなかったのですが、〔12月〕26日の会見の中で、是正勧告という言葉を使っていないわけではないと思います。

尾辻氏　全ての会見です。12月１日、12月26日、３月30日、ここで是正勧告という言葉、お使いになっているかどうか、有無だけ教えてください。

勝田局長　12月26日と３月30日について、是正勧告のやりとりがあったのは事実でございます。

尾辻氏　そうしたら、勝田労働局長、労働局として是正勧告を行ったことを、これは発言されましたか。

勝田局長　私としては、労働局が是正勧告を行ったことを認めた発言をしてはいないものと考えております。

2018年4月6日の衆院厚生労働委員会

×記者会見で是正勧告を明言していた――勝田智明東京労働局長

裁量労働制の対象を拡大する働き方改革法案をめぐり、加藤勝信厚生労働相は2018年2月20日の衆院予算委員会で、野村不動産が裁量労働制を違法適用していた例を挙げ、長時間労働を助長すると懸念する野党の質問に対し、違法適用を取り締まった例として野村不動産への特別指導に言及。「しっかり監督指導を行っている」と理解を求めた。

ところが、3月4日の朝日新聞の報道で、特別指導のきっかけが過労自殺だったことが判明。過労自殺を知りながらそれに触れず、裁量労働制の乱用を取り締まったと国会で答弁したのであれば「政治的責任は免れない」と野党が追及した。

勝田智明東京労働局長は17年12月25日に野村不動産に特別指導を行い、翌26日の記者会見で公表していたことから、参考人として国会に呼ばれた。

勝田局長は「是正勧告を行ったことを認めた発言をしてはいない」と述べたが、厚労省が開示した17年12月26日の会見録では、勝田局長が記者の「是正勧告ですか」との問いに「労働基準監督署において是正勧告を行っています。私からは、社長に対して特別に、直接の指導を、全社的な指導を行った」と発言していたことが書かれていた。

CHECK 46

社民・福島瑞穂氏

民主党がまとめた2030年代に原発稼働ゼロの方針は、討論型パブリックコメントなど国民的議論を経てまとめられました。2030年代では余りに遅過ぎますが、原発稼働ゼロの方針の否定は国民的議論の否定であり、認められません。いかがですか。

安倍首相

前政権が原発に関して昨年夏に実施したいわゆる国民的議論については、大きな方向性として、少なくとも過半の国民は原発に依存しない社会の実現を望んでいる一方で、その実現に向けたスピード感に関しては意見が分かれていると分析されています。

いずれにしても、原子力を含むエネルギー政策については、まず、いかなる事態においても国民生活や経済活動に支障がないよう、エネルギー需給の安定に万全を期すことが大前提であり、この点、2030年代に原発稼働ゼロを可能とするという前政権の方針はゼロベースで見直し、エネルギーの安定供給、エネルギーコスト低減の観点も含め、責任あるエネルギー政策を構築してまいります。その際、できる限り原発依存度を低減させていくという方向で検討してまいります。

2013年2月1日の参院本会議

△3種類の意見集約でいずれも「原発ゼロ」が最多――野田政権・安倍政権

原発政策をめぐっては、民主党の野田政権だった2012年、「国民的議論」と位置づけ、討論型世論調査や意見聴取会などを実施した。2030年の電力に占める原発割合について「0％」「15％」「20〜25％」の三つの選択肢を設け、全国11カ所での意見聴取会▽討論型世論調査▽インターネットやファクスで意見を募るパブリックコメントで意見を集めた結果、「0％」がいずれも最多でそれぞれ約68％、約47％、約87％を占めた。討論型世論調査では、討論を経た後に「0％」への支持が高まった。

原発ゼロの支持が予想以上に多かったため、原発再稼働を進めた野田政権が、調査結果が独り歩きするのをおそれて、専門家を集めた検証会合を設置。「意見聴取会は強い関心と意見を持つ人が来て、国民の縮図とは異なる」「世論調査は人々の感情の分布。重要なデータだが、それだけで物事が決まるならば、政治は不要になる」といった意見が出たのを踏まえ、「少なくとも過半の国民は原発に依存しない社会の実現を望んでいる一方で、その実現に向けたスピード感に関しては意見が分かれている」とする見解をまとめた。

安倍首相が述べた答弁は、野田政権から踏襲した政府見解ではあるが、東京電力福島第一原発事故を受けて国民が表明した意思を正確に表現しているとは言いがたい。

CHECK
47

自民・高市早苗政調会長

原子力発電所は確かに廃炉まで考えると莫大なお金がかかる。稼働している間のコストは比較的安い。これまで事故は起きたが、東日本大震災で止まってしまった悲惨な爆発事故を起こした福島原発を含めて、それによって死亡者が出ている状況にもない。そうすると、やはり最大限の安全性を確保しながら活用するしかないだろうというのが現況だ。

2013年6月17日の自民党兵庫県連での講演

×訴訟の判決で原発事故と死亡の関係を指摘——自民・高市早苗政調会長

原発再稼働を目指す安倍政権で自民党政調会長に就任した高市氏は、原発のコスト安や安全性を強調する話のなかで、「福島原発を含めて、それによって死亡者が出ている状況にもない」と発言した。

しかし、福島県によると高市氏の発言の時点で、震災や原発事故による避難などに伴う福島県内の関連死者は1415人。特に、東京電力福島第一原発に近い双葉病院（福島県大熊町《おおくままち》）では原発事故後、入院患者が取り残されて避難が遅れ、政府の原発事故・検証委員会も2012年7月の最終報告で「避難バスによる長時間かけての無理な行程などから、死亡者が続出した」と指摘。一部の遺族が、東電に損害賠償を求めた訴訟の判決では「死亡は原発事故が大きな原因」（16年5月25日の東京地裁判決）などと認定し、いずれも東電に賠償を命じている。

菅義偉官房長官は記者会見で「前後を見るとそんなに問題になるような発言ではなかった」と高市氏をかばったが、同氏自身も発言の翌日、「事故による被曝《ひばく》が直接の原因で亡くなった方はいないが、安全基準は最高レベルを保たなければならないと伝えたかった。体調を崩して亡くなった方もいるだろうし、自ら命を絶った方もいると聞いている。被曝で亡くなった方がいないから、さっさと再稼働すべきだと言ったつもりはない」と釈明した。

CHECK 48

安倍晋三首相　私たちにとって2020年の五輪開催は大変に名誉なことになると思います。世界でもっとも安全な都市の一つです。それは今でも、そして2020年でも同じです。懸念を持っている方もあるかもしれない。福島第一原発について。わたしはみなさんにお約束します。状況はコントロールされている。わたしたちは決して東京にダメージを与えるようなことを許したりはしません。決してダメージが与えられることはない。そして、あたらしいスタジアムが完成すれば、これまでほかにまったくなかったようなスタジアムとなります。そして2020年の五輪が、安全にきちんと実行されることを保障します。

ＩＯＣ委員　「東京には影響ない」と言ったがその根拠は。

安倍首相　まず、結論から申しあげますと、まったく問題ありません。どうか、ヘッドラインではなくて、事実をみていただきたいと思います。汚染水による影響は福島第一原発の港湾内の0.3平方キロメートル範囲内の中で完全にブロックされています。福島の近海で私たちはモニタリングを行っています。その結果、数値は最大でもＷＨＯの飲料水の水質ガイドラインの500分の１であります。これが事実です。そして我が国の食品や水の安全基準は世界でも最も厳しい基準であります。

2013年9月7日の国際オリンピック委員会総会での演説

△汚染水そのものはコントロールできず、東電内からも異論――安倍晋三首相

東京電力福島第一原発事故からの復旧をめぐっては、２０１１年12月に民主党政権の野田佳彦首相（当時）が「冷温停止状態」という新たな概念を根拠に「発電所の事故そのものは収束に至ったと判断される」と事故収束を宣言し、批判を浴びた。復旧の前進をアピールしたい政治家が誇張気味の説明をする傾向があるなか、13年9月、東京五輪招致に向けたＩＯＣ総会での演説に出席した安倍首相は「状況はコントロールされている」と断言した。

しかし、福島第一原発では放射性物質に汚染された水が地面や海に漏れていることが問題になっており、同年8月には、汚染水をためていたタンクから約３００トンが漏れていた事故も明らかになり、原子力規制委員会から「レベル３」（重大な異常事象）と認定されたばかり。東電内からも「今の状態はコントロールできていないと考えている」（山下和彦フェロー）と異論が出た。

安倍首相の定義は「汚染水による影響は港湾内の０・３平方キロメートル範囲内の中で完全にブロックされている」と限定的。放射性物質が外洋に流れ出て薄まり、数値が検出されていない状態を指しており、菅義偉官房長官も「全部の水をストップするということではない」と認めた。汚染水そのものは、対策の「切り札」だった凍土壁の完成後も十分にコントロールできていない。

CHECK
49

丸川珠代環境相

今まで環境省というのは、エコだ、何だ、と言っていればよかったんですけれども、震災から５年間ずっと除染の仕事をやっている。どれだけ除染するという議論がいつもあるんですね。年間100ミリシーベルトをくだったところは基準がないもので、ずっと国際的にも20～100の間のいいとこで切って下さい、地域、地域に合った線量を決めて下さい、というのでやってきた。

ところが、その一番低い20ミリシーベルトに合うように除染しましょうねと言っても、「反放射能派」と言うと変だが、どれだけ下げても「心配だ」という人は世の中にいるんですよ。そういう人たちがわーわー、わーわー騒いだ中で、何の科学的根拠もなく、その時の細野（豪志）さんという環境大臣が１ミリシーベルトまで下げると急に言ったのです。だれにも相談をしないで、何の根拠もなく。そういった結果、帰れるはずのところにいまだに帰れない人が出てきている。

2016年2月7日の長野県松本市内の講演

Ⅹ 国際放射線防護委員会が示した数値――丸川珠代環境相

東京電力福島第一原発事故への対応で国が追加被曝線量の長期目標として示している年間1ミリシーベルトについて、除染事業を担当していた丸川珠代環境相による発言だ。

しかし、1ミリシーベルトは、国際放射線防護委員会が平常時の一般人の限度とする値だ。同委員会が原発事故から復旧する際の参考値としている被曝線量（年1～20ミリ）のなかにも入っている。それを踏まえて、民主党政権時代に、国が除染などによって達成する長期目標として「年1ミリシーベルト以下」に抑えることを定めたものだった。

講演内容を取材していた信濃毎日新聞が報道した直後は、丸川氏は「そういう言い回しはなかったと記憶している」と否定していたが、その後、「言ったと思う」と認め、発言も撤回した。

丸川氏は発言を撤回した2月12日の記者会見で、年間1ミリシーベルトの数値について、「科学者が集まって議論をした上で決まったという意味では、まさに科学的な根拠」と自身の発言に根拠がなかったことも認めた。

CHECK
50

安倍晋三首相

- 菅直人元総理から提訴された「菅総理の海水注入はでっち上げ」と題する私のメールマガジン記事に対する名誉棄損訴訟について、菅元総理は東京高裁の判決を不服として上告していましたが、最高裁は上告を棄却しました。
- この決定により当方の勝訴が確定しました。昨年９月の高裁判決は菅総理の福島原発の海水注入に関連して「間違った判断と嘘」を伝えた私のメルマガ記事の主要な部分が真実であることを認めました。この判決を不服として菅元総理が最高裁に上告していました。
- 最高裁の上告棄却により、まさに「真実の勝利」に最終判断が下りました。
- 元総理が現職の総理を告訴し、裁判で争うことになったことは残念でなりません。私は総理としての時間の一部を裁判のために割かざるを得ないことになりました。
  国会議員同士、一度も抗議を受ける事はありませんでした。
- 菅元総理は前々回の参院選挙の直前に突然、私を告訴しました。私を貶めることを目的とした売名行為にほかならず、菅元総理の猛省を求めます。

2017年2月22日のツイッター

△「海水注入を中断」の事実はない――安倍晋三首相

訴訟になった安倍首相のメールマガジンは2011年5月20日に配信された。

「菅総理の海水注入指示はでっち上げ」の見出しで、「複数の関係者の証言によると、やっと始まった海水注入を止めたのは、何と菅総理その人だったのです」「菅総理は間違った判断と嘘について国民に謝罪し直ちに辞任すべきです」と記していたが、実際には海水注入は、現場の吉田昌郎《まさお》所長の判断で中断していなかった。

安倍首相は訴訟のなかで、「政権を厳しく監視するには野党議員が政権の統治行為に少しでも疑念があれば追及する態度が肝腎であり、一から百まで裏取りをしてからの指摘は事実上無理である」「議員の発言を報道機関の報道と同様にそのまま全てが真実であると措信することはなく、本件記事が端緒となって国会などで政治的議論が交わされ、真実が見えてくることを期待している」などと開き直った。

結論としては、裁判所は名誉毀損にはあたらないとして請求を退けたが、メルマガに書かれていた全文が全て正しいというお墨付きがあったわけではなかった。しかし、安倍首相は同年2月27日の衆院予算委員会でも「菅直人氏から名誉毀損で訴えられました。そして、地裁でも、高裁、最高裁でも、私が完全に勝利をおさめた……私が完全に勝利をしました」と主張した。

CHECK
51

公益財団法人東京オリンピック・パラリンピック競技大会組織委員会

本日、東京2020大会の組織委員会予算およびその他の経費から成る、大会経費Ｖ２（バージョン２）を発表いたしました。Ｖ２は、2017年５月31日の東京都、東京2020組織委員会、国、競技会場が所在する自治体の役割（経費）分担に関する大枠合意等に基づき、2016年12月21日に発表した大会経費Ｖ１（バージョン1）を精査したものです。（中略）大会経費の総額は１兆3500億円となっています。例えば、スポンサー獲得に伴うロイヤルティ等の支払いの増加やバス運行管理業務費の増などの増要因がある一方、ハード面（会場整備）については、ＣＶＥ（コンディション&バリューエンジニアリング）の取り組みや資材単価の精査等を通じた競技会場の仮設整備費の削減、ソフト面（大会運営）については、地方会場の一部における放送用映像回線の地中化の見直しやオリンピック・パラリンピックファミリーホテルの客室の仕様見直しなどのコストカットを行ってまいりました。その結果、大枠合意時点からは総額で350億円の減となっています。全体予算のスタートとなった昨年のV1と比較すると、大会経費総額について1500億円の削減を達成しました。

2017年12月22日の東京オリンピック・パラリンピック競技大会組織委員会広報

△会計検査院が大幅増を指摘――東京オリンピック・パラリンピック競技大会組織委員会

東京オリンピック・パラリンピック競技大会組織委員会（東京2020組織委員会）は2017年12月、大会経費総額を前年より1500億円削減し、1兆3500億円になったと発表した。

ところが、会計検査院が18年10月4日に公表した検査結果によると、この1兆3500億円に含まれる経費以外に、国の支出分だけでも約6500億円が計上されていたことがわかった。組織委員会が公表している国の負担分は1500億円だが、競技場周辺の道路輸送インフラの整備やセキュリティー対策などを含め約8011億円が使われていた。

約8011億円の一部には、五輪に便乗した行政経費も含まれている。桜田義孝五輪担当相は同月30日、道路整備など「大会にも資するが、大会に直接資する金額の算出が困難な事業」などを差し引いた1725億円とする政府の調査結果を発表した。しかし、会計検査院の結果に基づいて現時点で明らかになっている費用を単純合計すると、今後支出が見込まれるものも含めた全体の経費は3兆円に及ぶ可能性がある。

「世界一コンパクトな五輪に」という理念を掲げて招致を実現した東京大会は、13年1月に国際オリンピック委員会（IOC）に提出した立候補ファイルでは、大会経費は8299億円と試算されていた。

第三章　安全保障法制

CHECK
52

安倍晋三首相

集団的自衛権が現行憲法の下で認められるのか。そうした抽象的、観念的な議論ではありません。現実に起こり得る事態において国民の命と平和な暮らしを守るため、現行憲法の下で何をなすべきかという議論であります。

例えば、海外で突然紛争が発生し、そこから逃げようとする日本人を同盟国であり、能力を有する米国が救助を輸送しているとき、日本近海において攻撃を受けるかもしれない。我が国自身への攻撃ではありません。しかし、それでも日本人の命を守るため、自衛隊が米国の船を守る。それをできるようにするのが今回の閣議決定です。

2014年7月1日の記者会見

×「邦人を乗せた船」と法の要件は無関係──安倍晋三首相

安倍晋三首相は集団的自衛権の行使容認に道を開く閣議決定をした2014年7月1日の記者会見で、大きなパネルを持ち込んだ。

「邦人輸送中の米輸送艦の防護」と題したパネルの真ん中には、母子が乗る米艦のイラストが描かれており、首相はそのパネルを指し示しながら、「突然紛争が発生し、逃げようとする日本人を米国が輸送しているとき、自衛隊が米国の船を守れるようにする」と説明。安全保障法制によって認める限定的な集団的自衛権行使の代表例としていた。

しかし、15年の通常国会で法案審議が始まると、中谷元防衛相は「邦人が〔米艦に〕乗っているか乗っていないかは〔行使条件の〕絶対的なものではない」と説明。横畠裕介内閣法制局長官も「単に、邦人を乗せた米輸送艦が武力攻撃を受けるということで新三要件にあたるんだというふうにこれまで説明しているものではないのだろう」と説明を修正した。

そもそも、米政府は軍による自国民以外の外国人の退避への協力には一貫して否定的で、政府も14年6月11日の衆院外務委員会で「過去の戦争時に米輸送艦によって邦人が輸送された事例があったとは承知いたしておりません」と前例がないことを認めている。

CHECK
53

民進・小川敏夫氏

安倍総理、あなたは昨年９月に新安保法案が採決された際、「これからも同法律について国民に丁寧に説明していく」と約束しました。しかし、私が知る限り、丁寧な説明がなされているようには思えません。総理、どうでしょう、これから国民に丁寧に説明する気はありませんか、お答えください。

安倍晋三首相

平和安全法制の成立後も、私自身、そして関係閣僚も様々な機会を捉えて説明に努めています。また、首相官邸のホームページを通じて法制の必要性や趣旨、目的、具体的内容について御説明を行っています。もちろん、与党としても、議員一人一人が全国各地で街頭に立ち、あるいは後援会等の場を通じてしっかりと説明を行うなど、地道な取組を行っております。そして、何よりも、参議院選挙において街頭演説等で、私は必ず必ず平和安全法制についてお話をさせていただきました。その結果、先ほど申し上げましたように、改選議席の過半数を与党で大幅に上回る議席を得ることができたわけでございます。

2016年9月29日の参院本会議

✕ 街頭演説の大半で触れず――安倍晋三首相

集団的自衛権の行使を一部容認する安全保障関連法も争点になった参院選後の国会で、安倍首相の説明が問われた場面。首相は本会議場では「必ず」を二度繰り返して〔※正式な議事録では一度のみ記載〕、説明をしてきたことを強調。参院選勝利もそうした説明の「結果」と位置づけた。

２０１６年６月22日から７月９日までの参院選の選挙運動期間中、安倍首相は約70カ所で街頭演説を行った。このうち、演説内容が確認できた64カ所での説明を検証してみると、序盤戦は「日本をしっかり守っていくために日本とアメリカがお互いに力を合わせることができるようになった」など、毎回のように安保関連法の成立に触れ、理解を求めていた。

ところが、公示４日後に共産党の藤野保史《やすふみ》政策委員長がＮＨＫの討論番組で、防衛予算を「人を殺すための予算」と発言すると、共産党や野党共闘の批判に力点を置くようになり、安保関連法に触れなくなった。

結局、64カ所中、「平和安全法制」という言葉を出したのは20カ所。44カ所で出しておらず、「必ず必ず説明」とはほど遠い実態だった。

CHECK
54

自民・高村正彦氏

安全保障環境が変化した。具体的にどういうふうに変化したんでしょうか。

安倍晋三首相

この2、30年の間、安全保障環境は大きく変化をしてきているわけであります。特に、アジア太平洋地域をめぐる安全保障環境は変化をしています。例えば、自衛隊のスクランブル、防空識別圏に通告なしで入ってくる外国の爆撃機やあるいは戦闘機等々、外国というか国籍不明機等も含めますが、に対するスクランブルは10年間で7倍になっているわけでございます。そして、北朝鮮は弾道ミサイルを数百発持っていると推定されるわけでありまして、それに搭載する核の技術も向上させているわけであります。

また、中国の台頭、そして東シナ海、南シナ海における活動、さらにはサイバーあるいはテロ、過激主義、そうしたものはまさに国境を越えてやってくるわけでありまして、もはや一国のみで自国を守ることができる時代ではないわけであります。だからこそ、日本の安全保障政策の基軸であります日米同盟をより強固にしていく、国際社会との協力を一層深めていくことが求められている、このように思います。

2015年5月27日の衆院平和安全法制特別委員会

○「10年間で7倍」は正しいが過去にも同水準――安倍晋三首相

安全保障関連法の衆院での委員会審議が始まった2015年5月27日。「我が国を取り巻く安全保障環境が客観的に大きく変化しているという現実を踏まえた」という安倍首相に対し、解釈改憲の理論的支柱となった自民党の高村正彦副総裁が「安全保障環境の変化」を具体的に尋ねた。

尖閣《せんかく》諸島の領有権などをめぐり、中国機へのスクランブルが急増しており、14年度のスクランブル回数は943回で、04年の141回の7倍弱。「10年間で7倍」と安倍首相が示した数字は正しく、こうした東シナ海での緊張を、集団的自衛権行使や他国軍への後方支援拡大などを盛り込んだ安保法制を整備する理由として強調した。

しかし、安倍首相が冒頭に触れた「20、30年」のスパンで比較してみると、30年前の1984年度は冷戦時代で旧ソ連機へのスクランブルが多く、2014年度より1回多い944回。1985～89年度も800回台の状態が続いていた。

一見わかりやすいデータだが、戦後70年間認めてこなかった集団的自衛権の行使容認を導く根拠とするには見せ方がやや恣意的だった。

CHECK
55

民主・岡田克也氏

公海上でしかこの存立事態における集団的自衛権の行使はやらないんですか。それは総理、間違いですよ。法制上はそれはできるんじゃないですか。

安倍晋三首相

今私が申し上げたような三要件に当てはまらなければ武力行使は行わないということであります。そして、同様の質問を私は再三再四国会で受けてまいりました。その際に申し上げたように、一般に海外派兵は行わない。これは最小限度を上回るということで、我々は行わない。この立場は全く変わっていないということであります。ですから、我々は、外国の領土に上陸をしていって、それはまさに戦闘作戦行動を目的に武力行使を行うということはしないということははっきりと申し上げておきたい、こう思うわけであります。だからこそ、私たちの集団的自衛権の行使については、一部の限定的な容認にとどまっている。この三要件があるからこそ限定的な容認にとどまっているわけであります。

2015年5月20日の国家基本政策委員会合同審査会

△「例外」の事例が次々出て来る／海外派兵前提の処罰規定も――安倍晋三首相

安倍首相は２０１４年の閣議決定で集団的自衛権の行使を認めて以来、「今までは行けなかった湾岸戦争やイラク戦争、アフガン戦争に、新三要件に合致すれば行けると変わった」「地球の裏側で戦争ができる」などという批判をかわすために、「一般に海外派兵は行わない」という従来の政府見解を繰り返し強調した。

しかし、法律の条文には海外派兵を禁ずる規定はなく、自衛隊法改正案のなかには、海外での集団的自衛権の行使を前提に、防衛出動を命じられた隊員が敵前逃亡したり、上官命令に従わなかったりした場合、７年以下の懲役・禁錮刑とする処罰規定を「国外でも適用する」と新たに設けることになっており、「海外派兵を前提とした改正だ」と指摘された。

安倍首相も「一般に海外派兵は行わない」と言いながら、中東・ホルムズ海峡での機雷除去について「〔自衛のための〕必要最小限度の範囲内に言わば例外としてとどまることもありうる」と話し、他国領域でも武力行使をする可能性を改めて強調。また、邦人輸送中の米艦船が他国の領域で攻撃された場合に自衛隊が防護するかどうかについても、「〔他国の〕領海に入るかどうかは慎重な当てはめをしていく」と答弁し、場合によっては行使する可能性もあるとの考えを示し、「例外」を広げていった。

CHECK
56

公明・北側一雄氏

この法制度をつくるに当たっては、今回の与党協議でも私どもから主張をさせていただいて、自衛隊の海外派遣三原則を主張させていただきました。この自衛隊海外派遣の三原則というのは、一番目に国際法上の正当性の確保、そして国会の関与など民主的統制、三番目に自衛隊の安全確保、この三原則について、個々の法制の中でそれぞれについて具体的に法制化をしていく、これをしっかりやろうじゃないですかという提案をさせていただきました。

安倍晋三首相

自衛隊の海外の派遣に当たっては、国際法上の正当性の確保、国会の関与等の民主的統制の確保、自衛隊員の安全確保のための措置、「北側三原則」と言われているものでありますが、平和安全法制において法律上の要件として明確に定めているところであります。

2015年5月28日の衆院平和安全法制特別委員会

△一部の法律案で規定のないものが発覚――安倍晋三首相

安倍政権は、法案提出前の与党協議の段階から、公明党の強い要請もあり、自衛隊員の安全確保を海外派遣の原則の一つに位置づけた。自衛隊員のリスクが高まるという反対論に対抗する狙いもあり、安倍首相は「法律上の要件として明確に定めている」とアピールした。

国際貢献が目的の「国際平和支援法案」や日本の安全確保のための「重要影響事態法案」の後方支援では、活動場所を戦闘現場以外に限定。防衛相が戦闘が行われないと見込まれる「実施区域」を指定し、もし戦闘に巻き込まれそうになれば活動を一時休止・中断することを明記した。さらに国際平和支援法案では、隊員の安全確保への配慮も防衛相に義務づけている。

しかし、今回の安全保障関連法では、日本の存立が脅かされ、集団的自衛権を使う「存立危機事態」で、同時に自衛隊が「米軍等行動円滑化法案」に基づいて米軍などへの後方支援もできるようになる。２０１５年８月25日の参院特別委員会で民主党の福山哲郎氏から、このケースについて「根拠法である米軍等行動関連措置法には安全確保の規定はない、イエスかノーかでお答えください」と問われると、中谷元・防衛相は「一時休止、中断とか実施区域の指定に関する事項はございません」と認めた。

審議は紛糾し、福山氏は15年９月11日の参院特別委員会で「事の発端は総理が、全部明確に定めたみたいな、国民に誤解を与えるようなことを言うからだ」と批判した。

CHECK
57

民主・後藤祐一氏　単に経済的影響のみ、経済面の影響のみでは重要影響事態にはならない、軍事的な波及がない事態は重要影響事態にはならないということでよろしいでしょうか。

岸田文雄外相　軍事的な観点を初めとする種々の観点から「我が国の平和及び安全に重要な影響を与える」ということの意味を考えていくわけであります。経済面のみによる影響の存在、これのみをもって重要影響事態となること、これは想定しておりません。

後藤氏　これはやはり周辺事態のときの答弁と変わっているんですね。前段を言わないと後段は言えない。つまり、そこに細いすき間を残しているんですよ。細いすき間を残しているんです。残していないと言うのであれば、もう一回はっきり答えてください。軍事的な波及のない事態というのは重要影響事態でないとはっきり言ってみてください。細いすき間がないと断言するのであれば、はっきり答えてください。

岸田外相　軍事的な影響のない、経済面のみの影響が存在することのみをもって重要影響事態となることは想定はしておりません。

2015年5月28日の衆院平和安全法制特別委員会

×〝総合的な判断〟に答弁修正――岸田文雄外相

安全保障関連法では、「周辺事態」に代わり、「そのまま放置すれば我が国に対する直接の武力攻撃に至るおそれのある事態等我が国の平和及び安全に重要な影響を与える事態」という「重要影響事態」という定義が設けられた。従来の朝鮮半島有事などを想定していた地理的制約をなくして、自衛隊が地球規模で米軍などを後方支援できるようにするためだが、「直接武力攻撃を受けるおそれがある」といった日本への軍事的な影響が不明確になり、遠く離れた戦争への関与がどこまで認められるかが焦点になっていた。

こうした懸念に対し、岸田氏は２０１５年5月28日の特別委員会で「軍事的な影響のない、経済面のみの影響が存在することのみをもって重要影響事態となることは想定はしておりません」と答えたが、翌29日の質疑で再び問われると、「軍事上の観点も含めて総合的に判断する」と答弁を変え、石油の輸入減など経済的な影響だけでも、重要影響事態と見なす余地を残すようになった。安倍首相がこだわっていた、日本の石油供給ルートの中東・ホルムズ海峡が機雷で封鎖され、国民の生死に関わるようなエネルギー危機に陥った場合の機雷除去のための集団的自衛権行使の妨げになるからだ。

しかし、「資源の確保を掲げて戦争に関与する可能性が広がるのではないか」と懸念する野党側はこの答弁の変遷に反発。野党が退席して、審議がストップする事態を招いた。

CHECK 58

記者　衆院憲法審査会の参考人質疑で出席した３人の学識経験者全員が、安保法制について「憲法違反にあたる」と批判しています。

菅義偉官房長官　そういう報道は承知しています。また今、国会で審議中の安保法制は昨年７月に閣議決定した基本方針に基づいて審議が行われているものであります。（中略）憲法解釈として法的安定性や論理的整合性が確保されているということで、従って「違憲」というご指摘は当たらない。こういうふうに私たちは、政府は考えています。

記者　自民党など与党が推薦した参考人の方も違憲だとおっしゃっています。そのことについてどのように……

菅官房長官　これだけでなくて全体の憲法問題の中で、参考人として招致したんじゃないでしょうか。

記者　長谷部先生は著名な憲法学者で、そういう方が違憲だと、自民党が推薦した方が違憲だと言っていることを……

菅官房長官　いや、あの、わたしどもまったく「違憲じゃない」という著名な憲法学者もたくさんいらっしゃいますから。ただその中で今日はですね、そういう発言があったということは承知をしております。ただ、今政府が提案していることについては、まったく「違憲」という指摘は当たらないと、このように考えています。

2015年6月4日の記者会見

×名前を挙げられたのは3人——菅義偉官房長官

安全保障関連法の衆院での審議が始まるなか開かれた2015年6月4日の衆院憲法審査会。立憲主義や憲法制定過程をめぐる議論について、各党推薦の専門家から意見を聴く参考人質疑が行われたが、そのなかで出席した憲法学者3人がそろって「集団的自衛権の行使は違憲」と政府の法案に対し、違憲との認識を示した。3人のなかには、与党推薦の長谷部恭男《やすお》・早大教授も含まれており、政権側が火消しに走るなかで、飛び出したのが菅氏の「全く違憲じゃないという著名な憲法学者もたくさんいる」という発言だ。

この発言に対して、民主党の辻元清美氏が6月9日に「違憲ではないという学者の名前をいっぱい挙げて欲しい」と政府に質問通告。翌10日の衆院平和安全法制特別委員会で菅氏に回答を求めた。しかし、菅氏は3人の憲法学者の名前しか挙げられず。辻元氏から「勝負どころですよ」と迫られると、「私は、数じゃないと思いますよ」と答弁。別の議員から人数で問われると、「知っている方は10人程度」「大事なのは、憲法学者はどの方が多数派だとか少数派だとか、そういうことではなくて」とはぐらかした。辻元氏は「安保関連法案に反対する憲法研究者は現在211名。4日間で39名ふえて、今もまだふえ続けているという状況です」と指摘。6月19日の質疑では「菅官房長官が安保法は合憲として名前を挙げた3名とも、徴兵制は憲法違反とする政府の解釈は間違いであると御主張されている方」と述べた。

CHECK
59

記者

審議中の安全保障関連法案について、伺います。先の衆議院憲法審査会で、与党推薦の方を含む、参考人３人の憲法学者全員が憲法違反であると明言しました。この学者の指摘をどのように受け止めていますでしょうか。

安倍晋三首相

今回の法整備に当たって、憲法解釈の基本的論理は、全く変わっていません。この基本的論理は砂川事件に関する最高裁判決の考え方と軌を一にするものであります。この砂川事件の最高裁判決、憲法と自衛権に関わる判決でありますが、この判決にこうあります。我が国が自国の平和と安全を維持し、その存立を全うするために必要な自衛の措置を取り得ることは、国家固有の権能の行使として当然のことと言わなければならないとあります。これが憲法の基本的な論理の一つであります。こうした憲法解釈の下に今回、自衛の措置としての武力の行使は、世界に類を見ない、非常に厳しい、新三要件の下、限定的に、国民の命と幸せな暮らしを守るために、行使できる、行使することといたしました。（中略）これは、今まさにこの三要件を聞いてくださった皆様には、理解していただいたと思いますが、これは他国の防衛を目的とするのではなく、最高裁判決に沿ったものであることは明確であると思います。政府としては、こうした議論を十分に行った上で、昨年７月に閣議決定を行いました。

2015年6月8日の記者会見

△砂川判決では集団的自衛権に触れていない――安倍晋三首相

法案を「違憲」と断じた憲法学者に対抗するため、安倍政権は「憲法の番人」である最高裁が「自衛権について述べた唯一の判決」(高村正彦・自民党副総裁)である砂川事件の判決を持ち出して、法案の正当性をアピールすることにした。

砂川判決は、東京都砂川町(現立川市)の旧米軍立川基地の拡張に反対した7人が基地に入り、日米安保条約に基づく刑事特別法違反に問われた事件に対する1959年の最高裁判決。一審は安保条約での米軍駐留を憲法9条に反するとして全員無罪としたが、最高裁が破棄。差し戻し審で全員の有罪が確定した。最高裁はこの判決のなかで「わが国が、自国の平和と安全を維持し、その存立を全うするために必要な自衛のための措置を執り得る」と自衛権について認める内容だったが、集団的自衛権については触れていない。与党内でも公明党の山口那津男代表が「自衛隊が合憲、違憲かという論争の中で下された判決であり、集団的自衛権を視野に入れた判決ではない」と以前から関連性を疑問視していた。

横畠裕介・内閣法制局長官も、野党からの追及に「集団的自衛権に触れているわけではない」と認めたが、安倍首相は2015年6月26日の衆院平和安全法制特別委員会で「砂川判決は集団的自衛権の限定容認が合憲である根拠たりうるもの」とまで強弁するようになった。

CHECK 60

民主・後藤祐一氏

「憲法第９条の下において許容されている自衛権の行使は、我が国を防衛するため必要最小限度の範囲にとどまるべきものであると解しており、集団的自衛権を行使することは、その範囲を超えるものであって、憲法上許されないと考えている。」この昭和56年の答弁書は維持するんでしょうか。

横畠裕介内閣法制局長官

昨年７月までの議論、国会での答弁あるいは質問主意書に対する答弁書等々、いずれも、そこで言われています集団的自衛権というのは国際法上の集団的自衛権の一般、フルセットのものであるということでございます。まさにそのフルセットの集団的自衛権についてのお答えということとして維持するということでございます。

後藤氏

この昭和56年の答弁書、これは新三要件を満たす集団的自衛権の行使に関して維持されるんですか。

横畠長官

繰り返しになりますけれども、昨年７月１日以前におきましての国会の答弁あるいは主意書における答弁書での記述等でございますけれども、いずれも限定的な集団的自衛権という観念は持ち合わせていなかったわけでございまして、全てフルスペックの集団的自衛権についてお答えしているものでございます。

2015年6月10日の衆院平和安全法制特別委員会

×過去にも限定的な集団的自衛権に関する答弁あり――横畠裕介内閣法制局長官

安倍政権は、戦争の放棄を定めた憲法9条下でも「外国の武力攻撃によって国民の権利が根底からくつがえされる急迫、不正の事態」があった場合、必要最小限度の範囲で自衛権が認められるとする1972年の政府見解を集団的自衛権容認の根拠にした。同年見解の結論は「他国に加えられた武力攻撃を阻止する集団的自衛権の行使は、憲法上許されない」であったが、安倍政権は2014年7月の閣議決定で、日本を取り巻く安全保障環境が悪化し、他国に対する攻撃でも日本の存立を脅かす事態は起こりうるとして、歴代自民党政権が維持してきた見解の結論部分を180度転換した。

大転換を正当化する理由の一つが、これまで「限定的な集団的自衛権という観念は持ち合わせていなかった」という主張だった。しかし、限定的な集団的自衛権を行使することが憲法上認められるかどうかは、過去にも国会で議論されてきた。2004年には、「限局して集団的自衛権の行使を認める」ような解釈変更の余地を尋ねた質問主意書に対し、小泉政権が「政府としては行使は憲法上許されないと解してきた」との答弁書を閣議決定していた。

15年7月28日の参院特別委員会でこの矛盾を突かれた横畠氏は「過去におきましても、例えば我が国を防衛するためだったら、役に立つのであれば、その集団的自衛権を一部認めてもいいのではないかという議論があったのは事実」と認めた。

CHECK
61

民主・大串博志氏

政治家の責任として、もし本当に、集団的自衛権が必要だというのであれば、正々堂々と憲法改正を国民の皆さんに問うて、真正面からやられればいいじゃないですか。それをやられずに一閣議の決定だけをもってして憲法解釈を変えるのは憲法との関係で、立憲主義、大問題だと言わざるを得ない。

安倍晋三首相

憲法との関係においては、まさに違憲立法かどうかということも含めて、最終的な判断は最高裁判所が行う、これは憲法にも書いてあることであります。その上において、まさに砂川判決がなされた。これによって、自衛権があるということについては、まさに必要な自衛の措置をとり得べきことは、国家固有の権能の行使として当然のことと言わなければならない。この必要な自衛の措置とは何かということについてまさに考え抜いた結果、47年の政府見解がありますよと。この政府見解のときは閣議決定を行っていないんですが、今回は閣議決定を行って、必要な自衛の措置について、まさにあのときの当てはめを変えたんですよという説明を私はさせていただいたわけであります。

2015年7月15日の衆院平和安全法制特別委員会

○建前として正しいが、自民党のビラには「統治行為論」も——安倍晋三首相

憲法81条には「最高裁判所は、一切の法律、命令、規則又は処分が憲法に適合するかしないかを決定する権限を有する終審裁判所である」として、最高裁が違憲法令審査権を有する終審裁判所である旨を規定している。安倍晋三首相の「違憲立法かどうかということも含めて、最終的な判断は最高裁判所が行う」という答弁は建前として正しい。

しかし、衆院憲法審査会で３人の憲法学者が安全保障関連法を「違憲」と指摘した後に自民党が所属議員に配布したビラには「憲法判断の最高の権威は最高裁です」「その最高裁が唯一憲法９条の解釈をしたのが砂川判決です」と指摘し、こんな主張を展開している。

「さらに最高裁は、わが国の存立の基礎に重大な関係を持つ高度の政治性を有する事柄が憲法に合致するかどうかを判断するのは、一見きわめて明白に違憲無効であると認められない限りは、裁判所ではなく内閣と国会であるともいっています。すなわち国民の命と日本の平和を守るための安全保障政策に責任を持つべきなのは私たち政治家なのです」

高度に政治的な問題は最高裁が判断しないという統治行為論を打ち出したのも、安倍政権が頼みにした砂川判決だった。ちなみに、砂川判決をめぐっては、一審で米軍の駐留自体が憲法違反とする判決が出た後、最高裁長官が駐日米国大使・公使らと面談し、裁判の見通しや評議の内容を示唆していたことが米国の公文書で明らかになっている。

CHECK 62

自民・山本順三氏

今回の法案は徴兵制につながるという声もあります。徴兵制にはつながらない、この点を改めて総理からも御説明ください。

安倍晋三首相

そもそも、徴兵制は憲法第18条が禁止する意に反する苦役に該当するなど、明確な憲法違反です。徴兵制の導入は全くあり得ません。このような憲法解釈を変更する余地は全くありません。いかなる安全保障環境の変化があろうとも、徴兵制が本人の意思に反して兵役に服する義務を強制的に負わせるものという本質が変わることはありません。更に申し上げれば、自衛隊はハイテク装備で固められたプロ集団であり、隊員育成には長い時間が掛かります。安全保障政策上も徴兵制は必要ありません。長く徴兵制を取ってきたドイツ、フランスも21世紀に入ってから徴兵制をやめており、今やＧ７諸国はいずれも徴兵制を取っておりません。なお、国際的に見ても、集団的自衛権の行使の有無と徴兵制か志願制かは関係ありません。例えば、スイスは集団的自衛権を行使しないが徴兵制を採用しており、集団的自衛権の行使を前提とするＮＡＴＯ構成国である米、英、独、仏などは志願制の下で軍を維持しています。総理大臣が替わっても、政権が替わっても、徴兵制の導入の余地は全くありません。どうか国民の皆様には安心していただきたいと思います。

2015年7月27日の参院本会議

△過去には自民党内にも異論——安倍晋三首相

徴兵制については、憲法18条の「苦役の禁止」に基づいて禁じられているという政府見解が示されており、安倍首相も踏襲している。安全保障関連法案の審議のなかで、集団的自衛権行使を容認すると自衛隊員のリスクが高まり、自衛隊を希望する人が減って徴兵制になるのではないかという懸念が指摘されたことが続いたことを受け、安倍首相は参院で審議入りした2015年7月27日、「総理大臣が替わっても、政権が替わっても、徴兵制の導入の余地は全くありません」と断言した。

ただ、徴兵制については憲法で直接禁止する文言はなく、過去には自民党の石破茂氏が「日本の国において、徴兵制は憲法違反だと言ってはばからない人がいますが、そんな議論は世界じゅうどこにもないのだろうと私は思っています」（14年5月23日の衆院憲法調査会基本的人権の保障に関する調査小委員会）と発言するなど、自民党内で政府見解に対する異論が存在した。

安倍首相の気持ちとしてはわかるが、長年の自民党政権が否定してきた集団的自衛権の行使容認へと解釈変更を行った安倍首相の手法を用いれば、不可能とは言い切れず、将来にわたって断言する根拠は乏しい。ちなみに、集団的自衛権の行使を容認する解釈変更を支持した憲法学者3人は、徴兵制を禁ずる政府見解が間違っていると主張しており、安倍首相の見解とは矛盾する。

立憲主義や法的安定性をめぐる失言

法案に対する「違憲」の指摘が強まるなかで、安倍政権の幹部からは立憲主義や法的安定性を否定する失言が相次いだ。

中谷元防衛相は2015年6月5日の衆院平和安全法制特別委員会で、法案撤回を求められた際に「現在の憲法をいかにこの法案に適用させていけばいいのか」と発言。最高法規である憲法の範囲内で法律をつくらなければならないにもかかわらず、政府の方針に合わせて法律をつくり、実質的に憲法を変えてしまおうという言説と受け止められ、「立憲主義に反する」と野党から批判を浴びた。中谷氏は同月10日の衆院特別委員会で「憲法の解釈の範囲で、いかにこの法律を作成すればいいかという意味で申し上げました」「私が発言した趣旨はそのような趣旨でございますが、これが正確に伝えられなかったということで撤回をさせていただきたい」と述べた。

さらに、礒崎陽輔《いそざきようすけ》首相補佐官が7月26日、大分市内で開いた自身の国政報告会で「法的安定性は関係ない」と発言した。これには、与党幹部からも「看過できない」などと批判の声が出て、首相補佐官としては異例の参考人招致に追い込まれ、8月3日の参院特別委員会で、「法的安定性は関係ないという表現を使ったことにより、大きな誤解を与えてしまった。発言を取り消すとともに、心よりおわび申し上げます」と謝罪、撤回した。

両者の発言はいずれも事実関係の誤りとは言えず、ファクトチェックでの判定は難しいが、政府提出法案への信頼度を貶《おとし》める結果を招くことになった。

異例の国会招致の対象になった礒崎首相補佐官は総務官僚出身で、安倍晋三首相が第1次政権を率いていた07年の参院選で初当選し、国政に進出した。官僚時代にも内閣官房の内閣参事官として、安全保障・有事法制担当を担った経験もあり、第2次安倍政権が発足した12年12月から首相補佐官として、安保法制などにたずさわってきたが、ツイッターなどでの発信がこれまでも問題になっていた。15年8月3日の参考人質疑では、この点も問われた。その一部を抜粋する。

民主・福山哲郎氏　あなたは「ジャーナリズム」という雑誌で、「今のところ、私たちのところに解釈の変更は憲法違反だと言ってきている人はいません。新たな解釈が現行憲法に外れているのであれば、それは当然議論しなければならないわけですが、そういう主張をしている人は余り見当たりません。今回の解釈の変更が違憲という話は聞いたことがないです」と言われています。あなたは、何を根拠にこの法案が憲法違反だとしている人は見当たらないと言っているのか、それともとぼけているのか、それとも政権と考えを異なる意見は無視をするということなのか、明確に、簡潔にお答えください。

礒崎氏　まず、その雑誌の取材があったのは〔15年〕4月の上旬であるということは申し上げておきたいと思いますが、いずれにいたしましても、今「何を根拠に」とおっしゃったのは、まさに私の感覚を言ったまででございまして、きちんとした根拠もなくそのような発言をしたことは私も軽率であったと思いますので、その点についてはおわびを申し上げたい。

福山氏　あなたは、2013年11月、特定秘密保護法案について、「ある報道番組に対して、キャスターが廃案にさせなければならないと明確に言った」と、「明らかに放送法に規定する中立義務違反の発言だ」とツイッター上でつぶやきました。ここ数か月、安保法制に関して廃案にするべきだと発信するコメンテーターやキャスターが増えていますが、あなたは、当時と変わらずそれは放送法違反との認識なんですか。政府高官がそのような発言をすることは報道や表現の自由への介入という意識はその当時はなかったのか、今の認識と当時の認識をお答えください。

礒崎氏　いずれにいたしても、総理補佐官の発言としては、やはり行政に関わることはもっと慎重に発言をすべきだったと思っております。今後もその点については慎重に対応してまいりたいと思います。

福山氏　答えていません。今の認識を聞いています。お答えください。

礒崎氏 一般に、放送の公平性という原理は、これは放送法第四条に規定されていることでありますから、これは各放送事業者が自主的にお守りいただくべきであると考えております。ただ、私がそういうことについて、具体的な内容について発言することにはやはり問題があると考えてございますので、今後は具体的な発言はしないようにいたしたいと思います。

福山氏 あなたは今、問題があると自分でもお認めになりましたね。それだけでも十分に辞任に値しますよ。

こうした点も踏まえ、与党内からも礒崎氏には厳しい視線が注がれていたが、安倍晋三首相は翌8月4日の参院特別委員会で、礒崎氏について、「法的安定性の重要性は我々説明している通り極めて重要で、礒崎補佐官も十分に認識している。今後とも職務を遂行してもらいたい」と述べ、続投させる方針を表明した。

しかし、その後も野党からの国会招致の要求が続き、参院特別委員会の鴻池祥肇委員長（自民党）は8月26日、「あの日に腹切っておきゃいいんだ」と辞任すべきだったとの考えを記者団に示し、「ツイッターなんかやめたらええ。あほちゃうか」とも語った。

CHECK
63

自民・丸川珠代氏

私たちは一生懸命、民主党の反対の中、法案を作ったのに、いざ政権を取ったらふつうに何の説明もなく使うということが起きているわけなんですよね。これはぜったい、みなさんにぜひ忘れてほしくないことだと私は思ってます。忘れてならないといえば、あの世界一周の旅行のピースボート。あのピースボートに乗っていたのは、民主党の辻元清美議員でございますが、あのピースボートは、海賊が出る海域を通るときにたしか、自衛隊に護衛してくれって頼んで、自衛隊に守ってもらったんですよね。

安倍晋三首相

海賊対処のための法案を出したときも、民主党は反対でした。しかし実際にいざ危なくなると、助けてくれと、こういうことなんだろうなと思いますね。また、たとえば弾道ミサイル防衛のための法改正にも反対したんですね。しかし、政権時代に命令を発令して、彼らが反対した法律を使って自衛隊を出動させたということなんですが、ですからとにかく反対はしますがしかし、政権に就くと、説明はせずに実際自分たちが反対した法律を使うということかなあと思いますね。

2015年7月13日の自民党のネット番組「カフェスタ」

×辻元氏は当該の船舶に乗っていない——自民・丸川珠代氏

安全保障関連法に対する国会前などでの抗議運動が活発になり、内閣支持率が急落するなか、安倍首相は自民党のインターネット番組「カフェスタ」での法案説明に乗り出した。安保法案の国会審議で反対の先頭に立っていた当時民主党の辻元清美氏への言及はその最終回。一緒に出演した丸川珠代氏が「自衛隊に護衛してくれって頼んで、自衛隊に守ってもらった」と述べたが、実際には辻元氏はその船に乗っていなかった。

自民党は「『辻元清美議員が創設したピースボート』と紹介すべきところを『ピースボートに乗っていた』という表現になってしまいました。誤解を招く表現となったことで、不快の念を与えたとすればおわび申し上げます」と謝罪。丸川氏も「私の単純ミス」と釈明したが、辻元氏は「単に言い間違ったという話ではない。なぜ今の安保関連法案の重要局面で、わざわざ私と海賊事案を結びつけて民主党を攻撃するようなメッセージを出したのか」と疑問視した。

自民党からはその後も、武藤貴也《むとうたかや》衆院議員（当時）が7月末、反対デモをしている学生団体「SEALDs」に対して、「彼ら彼女らの主張は『だって戦争に行きたくないじゃん』という自分中心、極端な利己的考えに基づく。利己的個人主義がここまで蔓延したのは戦後教育のせいだろうと思うが、非常に残念だ」とツイッターで中傷。与野党から批判を浴びた。

CHECK
64

共産・仁比聡平氏

河野統合幕僚長は、昨年の12月17日、18日に訪米をされました。米統合参謀本部議長や陸海空、海兵隊の幹部あるいは国防省幹部と会談をし、日米同盟の深化などについて意見交換をされたと思いますが、これ、どなたたちと会われたんでしょうか。

中谷元防衛相

河野統幕長は、昨年10月に就任をいたしました。昨年12月に訪米をいたしまして、米国防省及び米軍幹部と会談、この情勢等について対談をいたしました。会った人については、ワーク国防副長官、デンプシー統合参謀本部議長、オディエルノ陸軍参謀総長、グリナート海軍作戦部長、スペンサー空軍副参謀総長、ダンフォード海兵隊司令官、スウィフト海軍作戦部統幕部長と会談を実施をいたしておりますが、このときにつきましては、ガイドラインの見直しの作業とかそのときの進捗状況など、様々なテーマについて意見交換を行いましたが、新ガイドラインや平和安全法制の内容を先取りするような会談を行ったという事実はなく、資料で公表する内容を限定したという御指摘は当たらないものでございます。

2015年9月2日の参院平和安全法制特別委員会

Ⅹ　安保法制の成立見通しを伝えた文書が存在――中谷元防衛相

安全保障関連法案の参院審議中だった2015年9月2日、共産党の仁比聡平《にひそうへい》氏が14年12月に河野《かわの》克俊統合幕僚長が訪米をしたことを尋ねると、中谷元防衛相は「新ガイドラインや平和安全法制〔安保法制〕の内容を先取りするような会談を行ったという事実はない」と述べた。

しかし、仁比氏は河野氏と米軍幹部が会談した際の記録を入手していた。その記録によると、河野氏は米陸軍参謀総長との会談で「〔12月〕14日に衆院選があり、与党が圧勝した」と説明。新しい日米ガイドライン〔日米防衛協力のための指針〕や安保法制の進み具合を問われ、河野氏は「与党の勝利により来年夏までには終了するものと考えている」と述べていた。新型輸送機オスプレイ導入への国民感情については「不安全性をあおるのは一部の活動家だけである」と述べていたという。

仁比氏に資料を示された中谷氏は「資料が確認できておりませんので、この時点での言及は控えさせていただきます」と答弁。河野氏は9月3日の記者会見で、文書の内容について「確認中」としつつも、「安保法制の成立を公約に掲げた自民党が〔昨年の衆院選で〕圧勝したので、通常国会で与党は成立を目指すだろうという認識はあった」と述べた。

CHECK
65

共産・仁比聡平氏

河野統合幕僚長の昨年12月の訪米に係る米陸海空軍、海兵隊、国防総省トップとの会談記録について、総理及び中谷大臣にお聞きしたいと思います。防衛省は、私が示した資料と同一のものはなかった、一字一句同じ内容のものはないなどと提出を拒んでおりますが、昨日10日の記者会見でも、何しろ当の統幕長御自身が同じ題名のものは存在いたしましたと認めておられます。問題は、統幕長が米側とどんなやり取りをしたのか、その中身であります。一連の会談で河野統幕長は、オスプレイに関しての不安全性をあおるのは一部の活動家だけであると発言をしていますが、これ、とんでもない発言ですね。総理自ら確かめるべきではありませんか。

安倍晋三首相

政府としては、オスプレイの安全性に対し地元の皆様に御不安の声があることは地元自治体等からの要請等によって十分に認識をしております。なお、仁比委員が示された資料と同一のものの存在は確認できなかったものと認識しております。その上で、昨年12月の統合幕僚長の訪米時における発言内容については、防衛大臣が既に統合幕僚長から直接聴取し、オスプレイの安全性に対する地元の皆様の御不安に係る認識についても不適切な点はなかったと判断しているものと承知をしております。

2015年9月11日参院平和安全法制特別委員会

×「省秘」に指定した文書があり、漏洩《ろうえい》の疑いで捜査――安倍晋三首相

2015年9月2日の質疑で共産党の仁比聡平氏が示した統合幕僚長と米軍幹部との会談記録について、政府は公式には認めず、安倍晋三首相は「同一のものの存在は確認できなかったものと認識しております」と述べた。

ところが、17年3月、この会談記録を漏洩した疑いをかけられ、自衛隊法違反〔守秘義務〕容疑で家宅捜索を受けたという防衛省情報本部の陸佐が「精神的苦痛を受けた」と国に慰謝料を求める国家賠償を提訴。このことによって、首相が「存在は確認できなかった」とする文書をめぐって、捜査まで行われていたことが明るみに出た。

17年3月23日の参院外交防衛委員会で問われた防衛省は、「警務隊が自衛隊法59条違反の疑いで捜査を行っていることは事実」と認め、会談記録についても15年9月3日に「省秘」に指定していたことを明らかにした。

共産党の井上哲士《さとし》氏は「訪米記録は、元々は取扱厳重注意だった。〔15年〕9月2日に仁比さんが国会で提示した……翌日に慌てて秘密指定している」と指摘したが、防衛省は「当該記録が防衛省から流出したことを受けて行ったわけではございません。8月に中谷大臣からの指示、……これを踏まえまして再点検を行う中で、情報の保全と文書の適正な取扱いの観点から行った」と主張した。

CHECK
66

自民・岡田直樹氏

北朝鮮の脅威あるいは中国の太平洋進出など我が国を取り巻く安全保障環境が一層緊迫する中で、改めて平和安全法制の意義をどのようにお考えか、今後どのような姿勢で運用に臨まれるか、お聞かせください。

安倍晋三首相

今、我が国を取り巻く安全保障環境は、戦後最も厳しいと言っても過言ではありません。特に、北朝鮮による核・弾道ミサイル開発は、これまでにない重大かつ差し迫った脅威となっています。このような中、平和安全法制により、日本を守るため、日米は切れ目なくスムーズに互いに助け合うことが可能となりました。助け合うことのできる同盟は、そのきずなを強くします。実際、繰り返される北朝鮮の核実験及び弾道ミサイル発射への対処に当たって、日米は従来よりも一層緊密かつ円滑に連携できています。先般来日したトランプ大統領は、米軍人と自衛隊員を前に、日米は今日、かつてないほど高い自信と信頼関係の下、優れた能力を発揮できる状況にあると述べています。また、この地域の米軍を統括するハリス太平洋軍司令官は、平和安全法制は日米の能力を向上させ、日米間の連携が向上したと述べています。これが現実であります。

2017年11月22日の参院本会議

△同時期に「発生を具体的に想定しうる状況にない」とも主張――安倍晋三首相

「国難突破解散」を掲げた衆院選に勝利してから初めて開かれた特別国会の代表質問で、安倍首相は改めて北朝鮮情勢を指摘し、安全保障関連法の意義を強調した。

安倍政権は２０１５年の安保法の審議の際、存立危機事態にありうべき具体的な想定を例示。朝鮮半島有事を念頭に、「弾道ミサイルによる第一撃によって取り返しのつかない甚大な被害をこうむることになる明らかな危険がある。このような状況は存立危機事態に該当し得る」（安倍首相）と答弁し、安保法成立の必要性を訴えてきた。

しかし、政府は17年11月27日、現職自衛官が「存立危機事態」になっても、防衛出動の命令に従う義務はないことの確認を求めた訴訟のなかで、「現時点で存立危機事態も発生しておらず、国際情勢に鑑みても、将来的に発生することを具体的に想定し得る状況にはない」と主張する書面を上川陽子法相名で提出していた。野党からは「すぐにも存立危機事態が生ずるかもしれないといって安保法制（の成立）を急いだ。一方でそんな具体的な危険はない、と堂々と国として正式に（裁判で）主張している。こういうのを二枚舌というんじゃないか」（立憲民主党の枝野幸男代表）と批判を浴びた。

原告の訴えを「門前払い」させる狙いがあったと見られるが、18年1月の二審判決では、国の主張を「安保法の成立に照らし採用できない」と指摘し、審理のやり直しを命じた。

CHECK
67

民進・前原誠司氏

2012年11月号の「正論」という月刊誌の中で、「中国は尖閣が核心的利益であると宣言し、本気で盗ろうとしている。それに対して、刺激してはいけない、摩擦を起こしてはいけないと言うのはどうかしていますよ。」ということまでおっしゃっている。しかも、そのときと、公船の数、そして接続水域また領海への侵入の度合いははるかに多くなっていますよ。稲田さんからすれば、より実効支配を強めるという考え方に立つんじゃないですか。

稲田朋美防衛相

今の尖閣をめぐる状況は、日々緊張していると思います。おっしゃったように、6月には初めて中国の戦艦が尖閣に入ってきたわけであります。そういった状況を考えますと、いたずらにエスカレートさせるということではなくて、しっかりと日本が東シナ海においても力ではなくて法による支配を貫徹させていく、その姿勢をしっかりと見せていくことだというふうに思っております。

2016年10月3日の衆院予算委員会

△実際には「軍艦」「接続水域」――稲田朋美防衛相

安倍晋三首相は２０１６年８月の内閣改造で、「保守派のスター」と期待する稲田朋美氏を、安全保障関連法を運用する防衛相に抜擢《ばってき》した。しかし、国会では、稲田氏の防衛に関する知識や過去の言動がたびたび問われた。

稲田氏は10月3日の衆院予算委員会で「6月には初めて中国の戦艦が尖閣に入ってきた」と述べたが、領海侵入はなく、正確には「尖閣諸島の接続水域に入ってきた」事案だった。この件で日本政府は駐日中国大使を外務省に呼び、直ちに水域から出るよう抗議をしているが、接続水域は、沿岸から12カイリ〔約22キロ〕の「領海」外側からさらに12カイリ延伸した海域。沿岸国に通関や出入国など一定の管理が認められているが主権は及ばず、他国にも航行の自由が確保されている。翌4日の衆院予算委員会で民進の後藤祐一氏から「防衛大臣の立場として非常に慎重に言葉を選んでいただきたい。いたずらに誇張した表現を国会答弁の場で防衛大臣が述べたと中国側としては受けとめる可能性がある」と指摘された。また、侵入したのはフリーゲート艦であり、与野党の議員から「戦艦と言えるか微妙だ」との声があがった。

稲田氏は10月5日の参院予算委員会でも、10年に尖閣諸島沖で海上保安庁の巡視船と衝突した「中国漁船」を「中国の公船」と言い間違ったり、「防衛費」を「軍事費」と答弁したりした。自衛隊は憲法上、軍隊ではないため、政府は防衛費という言葉を使っている。

CHECK 68

共産・志位和夫委員長

南スーダンでは、2013年12月以来、大統領派と副大統領派の間で激しい戦闘が繰り返されています。今年7月には首都ジュバで両者の大規模な戦闘が起こり、民間人数百人が死亡し、情勢の悪化が一段と深刻になっています。こうした事態の下で駆け付け警護を行ったらどうなるか。自衛隊が南スーダン政府軍に対して武器を使用することになる、憲法が禁止した海外での武力行使になる、こうした現実の危険性があるのではないか。

安倍晋三首相

南スーダンは世界でも誕生したばかりの最も若い国と言ってもいいと思います。確かに、混乱の中から成功した国家としてその道を歩み、歩むために今世界各国がUNMISSにおいて協力を行っているわけでございます。日本も含め60か国がこのUNMISS、PKOに参加をしています。いまだに、確かに治安は良くはありません。危険な状況もあるでしょう。しかし、いまだに1か国もこの治安を理由として撤退した国はないというのは事実でございます。そこで、我が国はその中で、日本としても責任ある役割を果たしていくために自衛隊の施設部隊を現地に派遣をしているところでございます。

2016年12月7日の国家基本政策委員会合同審査会

△治安悪化による責任問題のありかたをめぐり、ケニアが撤退——安倍晋三首相

安倍政権は２０１６年11月15日、南スーダンの国連平和維持活動（ＰＫＯ）の陸上自衛隊の派遣部隊に安全保障関連法に基づく新たな任務として「駆け付け警護」を付与することを閣議決定。前年９月に成立した安保法が、初の本格運用の段階に入った。

その一方で、南スーダンの治安情勢が悪化しており、国会では野党側から「ＰＫＯ参加五原則は崩れている」「自衛隊員のリスクが高まる」との指摘が相次いでおり、12月７日の党首討論でも共産党の志位和夫委員長が取り上げた。

安倍首相は「確かに治安は良くはありません」と認めつつも、「いまだに１か国もこの治安を理由として撤退した国はない」と派遣継続に理解を求めた。

しかし、11月には約１万４０００人いるＵＮＭＩＳＳ（国連南スーダン共和国ミッション）の要員のうち、約１０００人を派遣していたケニアが南スーダンＰＫＯからの撤退を開始していた。南スーダンの首都ジュバで７月に大規模な戦闘が起きた際、ＵＮＭＩＳＳが市民の保護に失敗したとして、国連がケニア出身の軍司令官を更迭したことが直接的な原因だったが、根底には治安悪化の問題があった。ケニア政府は「南スーダンＰＫＯが構造的な機能不全に陥っているのに、責任を一個人に押しつけようとしている」と反発していたことも踏まえると、首相の答弁はミスリードと言える。

CHECK
69

防衛省

（南スーダン派遣施設隊が現地時間で2016年７月７日から12日までに作成した日報は）既に廃棄しており、保有していなかったことから、文書不存在につき不開示としました。

ジャーナリストの情報開示請求に対する2016年12月2日付の決定

✕ 12月末に電子データを発見、翌年2月に公表——防衛省

南スーダンの現地情勢悪化が伝えられるなか、ジャーナリストの布施祐仁《ふせゆうじん》さんが2016年9月30日、南スーダンPKOに派遣した陸上自衛隊の施設隊が同年7月に首都ジュバで起きた大規模戦闘の時期に作成した日報の開示請求をした。

防衛省は当初、日報を作成する陸上自衛隊の派遣部隊と報告先の中央即応集団司令部を中心に文書を探したが、見つからなかったため、12月2日付で「既に廃棄しており、保有していなかったことから、文書不存在につき不開示」と決定した。

ところが、この経緯を知った自民党の河野太郎衆院議員が「電子データは残っているはずだ」などと再調査を要請。防衛省が改めて探したところ、4日後には電子データが残っていたことが判明した。

政府は17年1月24日の衆院本会議で、共産党の志位和夫委員長から「陸自は廃棄の理由として、『上官に報告したから』と説明していますが、こういう理由で廃棄がまかり通れば、組織にとって都合の悪い文書は全て闇に葬られ、国民は南スーダンで自衛隊が置かれている状況について知るすべがなくなる」と問われた際には、日報の存在は明らかにしなかったが、同年2月になって公表した。

CHECK 70

民進・大野元裕氏　〔南スーダンの首都・ジュバで2016年７月、多数の死傷者が出たのは〕「戦闘行為」ではなくて、「戦闘」ではなかったんですね。

稲田朋美防衛相　武器を使用して人が亡くなる、さらには物が損壊するという事態は生じましたが、それは法的な意味における戦闘行為ではなく、衝突であると思います。

大野氏　「戦闘ではなかったんですね」と聞いています。

稲田防衛相　衝突であると認識をいたしております。

中略

大野氏　政府がこれまで使っていた言葉での「戦闘」であるんですかと聞いているだけです。

稲田防衛相　法的に戦闘行為ということが定義されている以上、私は「戦闘」ではなく「衝突」というふうに認識をいたしております。

2016年10月11日の参院予算委員会

△陸自日報には「戦闘」と記述——稲田朋美防衛相

南スーダンの首都・ジュバで2016年7月、大統領派と副大統領派の間で銃撃戦が起きた。国連報告などによると、国連宿営地内の建物が銃弾やロケット弾を受け、中国部隊の隊員2人が死亡。宿営地内にいた避難民も含め、戦闘では計数百人が死亡した。

この事態が「戦闘」にあたるのかどうかが、国会でも繰り返し問われたが、「戦闘行為」となると、PKO5原則に抵触するため、稲田朋美防衛相らは「戦闘ではなく、衝突」と答弁した。

しかし、17年2月に開示された陸自の派遣部隊が作成した日報には「戦闘」と記載されていた。稲田氏は「人を殺傷し、物を破壊する行為はあった」と認めたが、「〈客観的な事実としては〉国際的な武力紛争の一環としては行われていない」と強調。日報に記載のあった「戦闘」の表現と法的概念の「戦闘行為」を切り分けて説明した。

法的概念として誤っているとは言えないが、実体と乖離《かいり》しており、稲田氏が「事実行為としての殺傷行為はあったが、憲法9条上の問題になる言葉は使うべきではないということから、私は一般的な意味において武力衝突という言葉を使っております」と説明したことは批判を浴びた。野党からは「戦時中、明らかに戦争なのに『事変』や『事件』と言い方を変えていたのと全く同じだ」との指摘が出た。

CHECK
71

民進・後藤祐一氏

　教えていただけますか。イラクの派遣のときの日報が残っているかどうか。

稲田朋美防衛相

　お尋ねのイラク特措法に基づく活動の日報については、南スーダンＰＫＯと同様の現地情勢や自衛隊の活動内容を記録した現地部隊の日報については、確認をいたしましたが、見つけることはできませんでした。

2017年2月20日の衆院予算委員会

✕ 直後に発見したが、稲田氏にも発見報告をあげず、1年後に公表――防衛省

南スーダンPKOの日報問題を受け、2004〜06年にイラク戦争後の人道復興支援で派遣された陸上自衛隊の日報の管理状況も問われた。当時民進党の辻元清美氏が17年2月17日の衆院予算委員会で「教育訓練」で使用している可能性を指摘したが、防衛省は2月20日、「確認いたしましたが、見つけることができませんでした」（稲田防衛相）と国会に説明した。

その後、同年3月に陸自研究本部（研本、現・教育訓練研究本部）の外付けハードディスクから日報が発見されたが、稲田氏をはじめ、当時の政務三役、内部部局、統合幕僚監部には報告がなされず、1年後の18年3月31日になって統合幕僚監部を通じて、小野寺五典《いつのり》防衛相に報告があがってきた。

「シビリアンコントロールが利いていない事態だ」と与野党から批判の声があがるなか、防衛省は4月16日、04年〜06年のうち435日分（派遣期間全体の45％）、計1万4929ページの日報を開示した。そのなかには陸上自衛隊が宿営地を置いていたサマワでの「銃撃戦」に触れ、「英軍に武装勢力が射撃し、戦闘が拡大」という記述もあり、イラク特措法に基づき自衛隊の活動地域を「非戦闘地域」とした政府の説明との整合性が問われることになった。

CHECK 72

立憲民主・本多平直氏

最近、「専守防衛の範囲を超えるんじゃないか」という兵器の導入が盛んに報道されています。総理が本会議でお認めになっていないものに護衛艦「いずも」の改修、空母化というのがあるんですけれども、これは本当に検討していないんですか。

小野寺五典防衛相

防衛省におきまして、防衛力のあり方に関して不断にさまざまな検討を行っておりますが、これまで、御指摘のような、護衛艦「いずも」の空母化のことだと思いますが、に向けた具体的な検討を行ってきた事実はありません。

本多氏

全国紙全てに、一面に載ったり、既に、導入を前提に社説で批判をしたり。こういう報道が出ていることを防衛大臣はどう思いますか。大臣が具体的に検討していないものを報道されて、誰がこんなことを流しているんですか。

小野寺防衛相

すみません、私自身戸惑っております。

2018年1月30日の衆院予算委員会

×２０１７年４月に民間に調査研究を委託――小野寺五典防衛相

歴代内閣は、性能上、相手国の国土の壊滅的破壊のためにのみ用いられる攻撃的兵器の保有は、自衛のための必要最小限度の範囲を超え、憲法上許されないという見解を踏襲してきた。攻撃型空母はその具体例の一つとして挙げられてきたが、２０１７年末に海上自衛隊のヘリコプター搭載護衛艦「いずも」を空母に改修し、垂直着陸ができる最新鋭戦闘機Ｆ－35Ｂを搭載する検討に入ったとの報道が相次いだ。

小野寺五典防衛相は「具体的な検討を行ってきた事実はない」と否定したが、実際には海上自衛隊は17年４月にいずも型護衛艦を建造した「ジャパン マリンユナイテッド」に能力向上に関する調査研究を委託していた。その資料によると、防衛省は調査の前提条件として、いずも型護衛艦による「米軍の後方支援実施」を目的とすることを明示。甲板を使って米軍のＦ－35Ｂが垂直着艦したり、航空機用の昇降機で船内の格納庫に移動させたりするなどの運用を想定し、船体を改修する際の工期と工費の見積もりを求めていた。

18年２月７日の衆院予算委員会で、共産党の宮本徹氏が調査研究を実施していることを指摘。政府は３月２日の参院予算委員会で、共産党の小池晃書記局長の質問に答える形で、「いずも」について、最新鋭戦闘機Ｆ－35Ｂの搭載も視野に入れた研究を行っていることを認めた。

パネルをめぐる攻防

安倍晋三首相が集団的自衛権の行使容認に理解を求めるために使った母子が乗る米艦のイラストが描かれたパネルをめぐっては、後に自民党入りする中西健治参院議員からも「多くの国民が、この日本人親子の存在は存立危機事態の認定に不可欠な要素であると信じたんだと思います。あのパネルは何だったのか」と国会で批判を浴びた。

その一方で、安倍首相は国会質問で使われるパネルに神経をとがらせている。

与党議員には「極めてわかりやすくパネルで示して頂いた」と持ち上げる一方、自身や閣僚の疑惑を指摘する野党議員のパネルには「（国会審議を中継している）公共の電波を使ってイメージ操作をするのはおかしい」と反発。自身の顔写真の使われ方に「もうちょっといい写真を使ってもらいたいと思いますよ」と注文を付ける場面もあった。

そうしたなかで、国会でのパネルの使用をめぐる攻防も激しくなっている。

パネルの委員会室への持ち込みは、委員会の直前にある非公開の理事会で、与野党が協議することになっており、与野党が合意したものだけが使用できるからだ。たとえば、２０１６年2月に民主党（当時）の山尾志桜里《しおり》氏が、安倍首相が出席する予算委員会で、匿名ブログ「保育園落ちた、日本死ね」の内容をパネルで紹介しようとした際は、与党側から「出典が不明だ」と指摘されて持ち込めず、山尾氏はそれを読み上げるしかなかった。

表現の変更が迫られるケースも出ている。民進党（当時）の江田憲司氏は、16年9月の衆院予算委員会で「アベノミクスの現状と評価」と題したパネルを用意した。

「第一の矢（金融緩和）飛んだがもう矢折れ尽きた」

「第二の矢（財政出動）あらぬ方向に飛んでいる」

「第三の矢（成長戦略）飛んでいない」

――と並べられていたが、自民側が「一方的な見方で、利用を認めれば内容を了解したことになる」と問題視。民進側は反発したが、質問時間が迫っていたため、3カ所の文末に

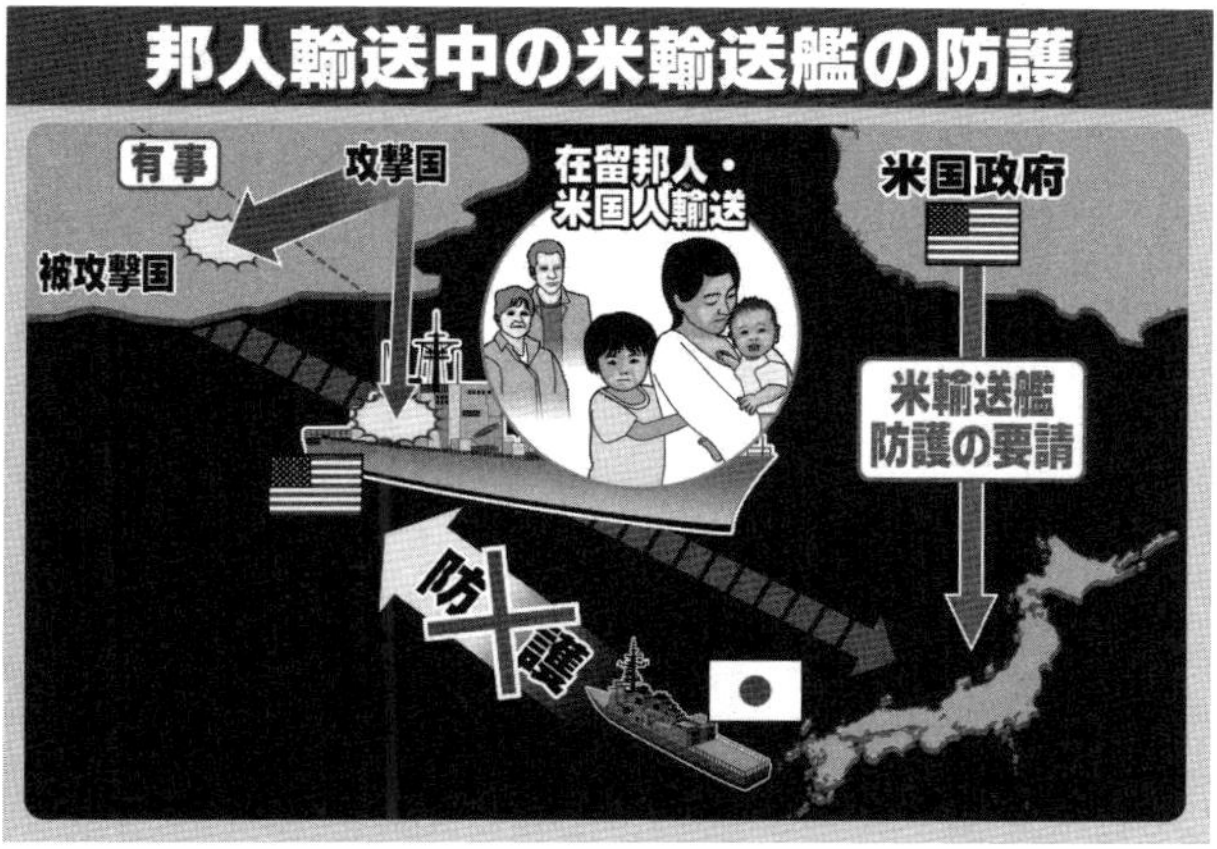

「？」を付ける修正に応じざるをえなかった。

17年の通常国会で、安倍首相夫妻の関係が取りざたされる森友・加計学園問題が明るみに出ると、写真や文言をめぐる与党の注文が相次ぎ、野党からは「検閲だ」と批判の声があがっている。

ちなみに、民主党もパネルの表現を規制しようと動いたことがある。政権にあった12年だ。①出典を明記する②誹謗《ひぼう》・中傷はしない――といった方向でまとめようとしたが、このときは与野党で合意に至らなかった。

第四章　憲法・人権・民主主義

CHECK
73

希望・玉木雄一郎氏

総理は「９条２項を変えたらフルスペックの集団的自衛権が可能になる」と述べられました。〔９条２項を維持する〕安倍総理の９条改憲案というのは、自衛隊の行使できる自衛権の範囲というのは、これは変わらないんですか。拡大しないということでよろしいんでしょうか。

安倍晋三首相

先般お答えしたのは、２項を削除すると、「書き方によっては、フルスペック〔の集団的自衛権が可能〕になる可能性がある」というふうに答弁させていただいたところであります。本来、憲法についての議論でありますが、私は総理大臣としてここに立っておりますので、自民党総裁として申し上げたことをここで内閣総理大臣として議論をさせていただくことは差し控えさせていただきたいと思いますが、あえてお尋ねでございますので、あえて自民党総裁としての私の考えを申し上げるとすれば、現行の第９条第２項の規定を残した上で自衛隊の存在を憲法に明記することによって自衛隊の任務や権限に変更が生じることはないものと考えております。ただ、もちろん、書きぶりがどうなるか、これはまだ党において議論しているわけでありますが、ただ単にいわば存在を明記するということにとどまった場合は今の考えでございます。

2018年2月5日の衆院予算委員会

△書きぶりによっては変化——安倍晋三首相

安倍首相は2017年5月3日の憲法記念日に、9条1・2項を残したうえで自衛隊を憲法に明記する改憲案を表明。18年3月の自民党大会までに党方針を固めようと、同年2月5日の衆院予算委員会では「自衛隊の任務や権限に変更が生じることはないものと考えている」と踏み込んだ。明記によって自衛隊の活動範囲が拡大するという懸念を払拭する狙いと見られた。

しかし、2月14日の衆院予算委員会で、立憲民主党の枝野幸男代表は、「戦力不保持」と「自衛隊明記」の矛盾を念頭に、「新法と旧法で矛盾するような規定があった場合はどちらが優先する一般原則ですか」と質問。横畠裕介・内閣法制局長官は「『後法は前法を破る』という言い方がございます」として、同じことがらについて後から別の規定を有する法律が制定された場合には前法より後法が優先するという原則に言及しながら、「具体的にどのような条文を規定するのかということによるわけで、一概には申し上げられない」と述べた。

この答弁を受けて、枝野氏から「その条文が具体的に示されていないのに、変わらないというのは、どういう根拠ですか」と問われた安倍首相も「〔条文の〕詳細を見てみないとわからないというのは枝野委員のおっしゃるとおりでありますが、それ以上のことはまさに憲法審査会でやっていただきたいし、そして、私の思いどおりに我が党の案がなるわけでも、これはないわけであります」と答弁。2月5日の発言に関する十分な根拠を示すことはできなかった。

CHECK 74

共産・小池晃氏

憲法９条の１項、２項に加えて例えば３項に自衛隊の存在理由が書かれることになれば、これは３項に基づいて海外での武力行使に対する制約がなくなってしまう、２項は空文化せざるを得なくなるのではないかと考えますが、総理、いかがですか。

安倍晋三首相

御党は、これは政府見解と違い、自衛隊は憲法違反であるという立場であるわけでございます。それはもう明確に述べておられる。（中略）主要政党がそう述べ、あるいはまた憲法学者の７割、８割が憲法違反と言っている。さらには、これは教科書の記述にも、多くの教科書、採択されている多くの教科書で自衛隊が違憲であるという記述があるという状態、これは自衛隊の子供たちも、子弟たちもこの教科書で学ぶわけでありますから、でありながら、災害等の出動、まさに命懸けで出動していく、また、急迫不正の侵害の際には命を張ってこれは日本国民を守らなければいけないというこの状況はなくしていく責任があるのではないかと、こう考えたところであります。

2017年5月9日の参院予算委員会

△「自衛隊が違憲である」と記した教科書はない――安倍晋三首相

「自衛隊」の憲法への明記を掲げる安倍首相が、その推進理由として持ち出したのが教科書の記述だ。

2017年5月3日の首相改憲案の表明直後に行われた5月9日の参院予算委員会で、安倍首相は「採択されている多くの教科書で自衛隊が違憲であるという記述がある」と述べた。

しかし、義務教育である中学校で、17年に使用されている「公民」の教科書では、「自衛隊が違憲である」と記した教科書はない。「憲法第9条や平和主義に反するのではないかという議論は今日も続いています」(帝国書院)「憲法に違反するという学説や判例がある」(清水書院)など、いずれも意見の紹介にとどまっている。

また、高校の「現代社会」「政治・経済」の教科書に関しても、同じように論争や主張の紹介にとどまっている。

安倍首相の発言は誤りとまでは言えないが、改憲案に対する理解をミスリードする可能性がある。安倍首相も18年1月24日の衆院本会議での答弁では「多くの教科書に合憲性に議論がある旨記述されています」と表現を改めた。

CHECK 75

民進・蓮舫氏

憲法９条、憲法43条について、去年、総理は衆議院でも参議院でも具体的に説明をしています。なぜ24条については語られないんでしょうか。

安倍晋三首相

そのときも基本的に、言わばどのような条文をどう変えていくかということについては私の考えは述べていないはずであります。

2017年1月30日の参院予算委員会

×２０１６年の予算委員会で述べている――安倍晋三首相

安倍首相は持論の改憲について、「首相」と「自民党総裁」の肩書きを使い分けながら進めている。２０１７年1月30日の参院予算委員会で、民進党の蓮舫代表は自民党が12年に作成した憲法改正草案に基づいて、首相の憲法観を問いただそうとしたが、「私は今ここに政府の、行政府の長として立っておりますので、自民党の草案に関わることについてお答えする立場にはございません」と答弁を拒否。前年の例を挙げて答弁を求めても、「私の考えは述べていない」と言い張った。

しかし、実際には16年2月3日の衆院予算委員会で、自民党の稲田朋美政調会長の質問に「9条2項を改正して自衛権を明記し、また、新たに自衛のための組織の設置を規定するなど、自由民主党として、将来のあるべき憲法の姿をお示ししています」「そもそもこれは占領時代につくられた憲法である、時代にそぐわなくなったものもある、そして、私たちの手で憲法を書いていくべきだという考え方のもとに、私たちは私たちの草案を発表している」と答弁。さらに同月5日の衆院予算委員会では、憲法改正に前向きな改革結集の会の議員の質問に、9条2項を改正する自民党改憲草案について「自民党の総裁としては、自民党で出しているこの憲法草案について、我が党の考え方である、当然私も総裁として同じ考え方である」と自身の考え方を明確に述べていた。

CHECK
76

中谷元衆院憲法審査会与党筆頭幹事

安倍晋三・自民党総裁の５月３日付新聞のインタビュー記事等が取りざたされておりますので、一言、申し上げます。

これらの発言は、内閣総理大臣として申し述べたものではなく、あくまでも自民党総裁としての考えを自民党に向けて示したものと理解しているところです。

また、「2020年施行」に言及している点についても、そもそも衆議院憲法審査会の具体的スケジュール等は、本審査会自身が各党各会派の協議によって決定するものであり、これに縛られるものではありません。

今後は、政府に所属する議員は、言葉を尽くして、より一層、責任を果たしていくべきであると考えておりますので、ご理解を賜りたいと存じます。

2017年5月11日の衆院憲法審査会幹事懇談会

△読売新聞は「首相インタビュー」として紙面化――自民党

安倍首相は2017年5月3日付の読売新聞のインタビューで、憲法9条1項、2項を維持したうえで、自衛隊に関する条文を追加することを最優先の改正項目とし、東京五輪・パラリンピックが開催される20年に新憲法が施行されることを目指す考えを表明した。

ゴールデンウィーク明けの国会審議では、12年の自民党憲法草案と異なる新たな首相方針が問われたが、安倍首相は「読売新聞を熟読して」と具体的な答弁を拒んだため、野党が「国会軽視」と強く反発。予定されていた衆院憲法審査会の開催が見送られるなか、自民党が野党側に提示したのが「あくまでも自民党総裁としての考えを自民党に向けて示したものと理解している」「審査会のスケジュールは縛られるものではない」という見解だった。

読売新聞のインタビュー記事を「熟読」すると、安倍首相は憲法への自衛隊明記に関連して、「行政府の長としてではなく、国会議員として申し上げれば、立法府でこうした問題について真剣に議論していくことが、国会議員の責任だろう」と発言。「首相」としての発言ではないことを意識しているところも見受けられる。一方で、野党が提案している解散権を制約する改憲案について問われると、「私は総理大臣として解散する立場だ。意見を述べることは差し控える」として「首相」の立場を意識。記事全体は「首相インタビュー」の見出しで読売新聞が報じており、インタビューを受けた場所も自民党本部ではなく、首相官邸だった。

CHECK 77

維新・片山虎之助共同代表

憲法改正につきましては、きのう参議院の予算委員会で申し上げましたように、今の憲法のいいところは残さないけません。全面改正なんというのは、我々は無理だと思う。そこで、今、国民が切実に思っている、実態のあるものについて、国民の意向を聞きながらそれを改正する憲法案をつくって、憲法改正をてこに政策を実現するんですよ。それを我々は三つ挙げていますよ。

教育の無償化。保育を含む幼児教育から大学、大学院までの教育を全部無償にする。出生率も上がりますよ。待機児童問題なんか起こりませんよ、小中学校と同じなんだから、保育園が。ぜひこういう骨太の政策をやってくださいよ、長期政権なんだから、総理。

安倍晋三首相

憲法につきましては、いわば21世紀にふさわしい日本のあり方について、御党は勇気を持って考え方を示しておられることについては敬意を表したいと思います。（中略）御党の、今幾つか、憲法裁判所あるいは教育の無償化等について御提案等もいただきました。そういうことについてもしっかりと建設的に、審査会で、党と党が案を持ち合って、議論が収れんしていくことを期待したい、このように思う次第でございます。

2016年5月18日の国家基本政策委員会合同審査会

✕ 待機児童問題が悪化した例も――維新・片山虎之助共同代表

衆参両院で「3分の2」の国会議員の賛同が必要な憲法改正の発議に向けて、安倍首相が連携先として期待するのが日本維新の会（2016年5月時点は「おおさか維新の会」）だ。維新は憲法に「教育無償化」を書き込むことを重視しており、国会などで繰り返し求めている。

そうしたなかで、16年5月の党首討論で片山虎之助共同代表は、教育無償化を進めても、「待機児童問題なんか起こりませんよ」と断言した。

しかし、独自に無償化を先行して実施している大阪府守口市や兵庫県明石市では、実施後に待機児童が増加する問題が起きている。

たとえば、兵庫県明石市は16年度に認可保育園や幼稚園に通う第2子以降の保育料を無償化したら、認可園に希望しても入れない17年4月時点の待機児童は547人で、前年から倍増した。

無料なら預けたいという人が増えるが、現状では全入を前提に整備されてきた小中学校と同じようなニーズの受け皿が整っていないからだ。資源が限られるなか、「無償化より待機児童解消の受け皿整備が先」という意見も根強い。

CHECK
78

自民・丸山和也氏

ややユートピア的かも分かりませんけれども、例えば日本がアメリカの第51番目の州になるということについて、例えば憲法上どのような問題があるのかないのか。（中略）例えばアメリカの制度によれば、人口比に応じて下院議員の数が決まるんですね、比例して。すると、恐らく日本州というのは最大の下院議員選出数を持つと思うんです、数でね。それで、上院も州１個とすれば、２人ですけど、日本を幾つかの州に分けるとするとかなり十数人の上院議員もできるとなると、これは世界の中の日本と言うけれども、要するに日本州の出身がアメリカの大統領になる可能性が出てくることになるんですよ。（中略）

例えば、今アメリカは黒人が大統領になっているんですよ、黒人の血を引く。これ奴隷ですよ、はっきり言って。それで、リンカーンが奴隷解放をやったと。でも、公民権もない何もないと。マーティン・ルーサー・キングが出て、公民権運動の中で公民権が与えられた。でも、まさかアメリカの建国あるいは当初の時代に、黒人、奴隷がアメリカの大統領になるようなことは考えもしない。これだけのダイナミックな変革をしていく国なんですよね。

2016年2月17日の参院憲法審査会

×オバマ大統領は奴隷の子孫ではない——自民・丸山和也氏

衆参両院で多数の議席を占め、悲願の憲法改正を訴える安倍政権だが、改憲の具体的な議論をする衆参両院の憲法審査会は思うように開催できていない。その要因の一つになったのが、自民党議員の問題発言だ。

自民党の丸山和也参院議員は「二院制」をテーマに2人の参考人を招いた2016年2月17日の参院憲法審査会で、当時のオバマ米大統領を念頭に「アメリカは黒人が大統領になっている」「これ奴隷ですよ」と発言した。

しかし、オバマ氏はケニアから米国に留学した黒人の父と白人の母との間に生まれており、奴隷の子孫ではない。

事実に基づかない人種差別の発言に対し、民主、社民、生活の野党3党は丸山氏の議員辞職勧告決議案を参院に提出。与党のベテラン議員からも「党除名処分に値する。日本の政治家にあるまじき発言だ」「撤回すればいい問題ではない」と批判が相次いだ。

参院憲法審査会はこの発言の取り扱いをめぐって、開催が困難になった。最終的に5月11日の幹事懇談会で、「奴隷」など2カ所の計20文字を議事録から削除することを決めた。審査会の柳本卓治会長は記者団に「人権と米国の現状から考えて不穏当な言葉だ」と、その理由を述べた。

CHECK 79

民主・玉木雄一郎氏　住所が同じ、トップも同じ、役員も同じ。そして、やっていることは、お金の流れもある、仕事も事務を委託しているんですね、年間1680万円の委託料を払っている。これは、実質的には一つの法人ですよ。やはりダミーをかませて迂回させている脱法献金だと私は言わざるを得ないと思いますよ。確かに、私も法律を勉強した立場ですから、法律上、疑わしきは罰せずでいくと、ぎりぎり言うと、これは政治資金規正法で打てない可能性が高いと思います。でも、私は、逆に言うと、法の趣旨を考えると、こんなことを許している法律は改正すべきなんですよ。これは与党の先生方にも呼びかけをして、だって、こんなことができるんだったら、みんな各業界はやりますよ、これ。こういうことをやはり防いで、政治に対する不信……

安倍晋三首相　〔自席から〕日教組はやっているよ。

玉木氏　総理、やじを飛ばさないでください。……これは真面目な話ですよ。

大島理森衆院予算委員長　いやいや、総理もちょっと静かに。

安倍首相　〔再び自席から〕日教組はどうするんだよ。

2015年2月19日の衆院予算委員会

✕日本教育会館からの献金はなし——安倍晋三首相

2015年2月、西川公也《こうや》農林水産相の政党支部が、砂糖の業界団体「精糖工業会」の関連企業からの寄付を受け取っていた問題が発覚した。

2月19日の衆院予算委員会では民主党の玉木雄一郎氏が、献金の4カ月前に農水省から約13億円の補助金を受けている精糖工業会側から献金をもらったことは、補助金を受けてから1年以内の献金を禁止している政治資金規正法に抵触するのではないか、と追及。西川氏が「〈補助金を受けた〉精糖工業会と〈寄付をした〉精糖工業会館は別の組織」と主張したが、玉木氏は「実質的には一つの法人で、脱法献金だ」と指摘した。安倍首相が「日教組はやっているよ」とやじを飛ばしたのは、そのやりとりが行われていた場面だ。

安倍首相は翌20日の委員会でやじを飛ばしたことへの反省を求められると、日教組関連団体の一般財団法人である日本教育会館を持ち出し、「日教組は補助金をもらっていて、教育会館から献金をもらっている議員が民主党にはおられて、それに対する質問をかつて我が党がしたときに、『これは別の団体だから関係ない』というのが、当時の民主党の政府としての、大臣が答弁した見解であったわけでありますから、それをどう考えるかという指摘をした」と反論した。しかし、2月23日の委員会では、「文科省で調べた結果、平成24年度までの10年間の決算書を確認した限り、議員献金という記載はなかった」と訂正。西川氏も同日、辞任した。

CHECK
80

安倍晋三首相

今裁判所において、違憲状態、一票の格差を指摘されています。昨年のこの党首討論において、当時の野田総理は、「優先順位を考えましょう、優先順位を考えましょう」と言って、この場において、0増5減を、定数の削減を優先する、そう約束しましたね。そして、11月の私と野田さんの党首会談〔ママ〕において、そこで、「安倍さん、やりましょう」と言ったのは野田さんですよ。私はそれに答えて、0増5減やりますよ、抜本改革、定数削減もやりますよと答えた。そして、皆さん、この場で政治は動いたんですよ。海江田さん、この場で政治を動かそうじゃありませんか。国民の声は、一票の格差是正を進めよ、この声に私たちは立法府の一員としてこたえていく責任があるんですよ。海江田さん、やろうじゃありませんか。

民主・海江田万里代表

この約束というのは定数削減のまさに約束ですよ、0増5減だけじゃありませんで。しかも、これは、いいですか、消費税の増税に対して、国民の間に、「消費税の増税だけでいいんですか、身を切る努力はしないんですか」という話になったわけですから、まさにそこは定数削減が一番大きな約束だということ、そして違憲判決というのはその後出てきた話であります。

2013年4月17日の国家基本政策委員会合同審査会

△野田氏は「0増5減」を上回る定数削減を条件に衆院解散——安倍晋三首相

安倍晋三氏は２０１２年９月に自民党総裁に返り咲き、11月14日の党首討論で、当時の野田佳彦首相（民主党代表）が提案した定数削減の約束に応じることで、衆院解散を引き寄せた。

その際、野田氏は「最悪の場合でも、必ず次の国会で定数削減をする。それは０増５減のレベルじゃありませんよ。５減じゃありません。お互いに数十単位と言ってきているわけですから」と釘《くぎ》を刺し、党首討論終了後の11月16日に「衆院議員の定数削減については、選挙制度の抜本的な見直しについて検討を行い、次期通常国会終了までに結論を得た上で必要な法改正を行うものとする」とする合意書を民主、自民、公明３党の間で交わした。野田、安倍両氏の約束で「０増５減」を強調するのはミスリードと言える。

ちなみに、野田氏は12年２月29日の党首討論で、自民の谷垣禎一《さだかず》総裁に「優先順位を付けて解決していかなきゃならない」と求められ、０増５減を「最優先」とする認識を示したが、同時に０増５減以上の定数削減についても「この国会（12年通常国会）中に結論を出すという一定のおしりを決めながら議論をすることで、成案を得るように努力をしていきたい」と付け加えていた。

結局、０増５減を上回る定数削減は、さらに10減らす内容で16年５月に法案が成立した。党首討論での約束から３年半が経過していた。

CHECK 81

民主・菊田真紀子氏

下村大臣が発表した教科書改革実行プランを受けまして、教科用図書検定調査審議会が発表しました「教科書検定の改善について」によりますと、「閣議決定その他の方法により示された政府の統一的な見解や最高裁判所の判例がある場合には、それらに基づいた記述がされていることを定める」とされています。歴代内閣が継承してきた村山内閣総理大臣談話は、ここで言う「政府の統一的な見解」に該当するのでしょうか。いわゆる従軍慰安婦問題に関する河野官房長官談話はどうでしょうか。

下村博文文部科学相

改正後の検定基準における「政府の統一的な見解」は、現時点で、有効な閣議決定等により示されたものを指します。村山内閣総理大臣談話、河野官房長官談話自体は、これは閣議決定されたものではありません。検定基準における「政府の統一的な見解」には当たりません。ただし、それらに示されている基本的な立場については、安倍内閣においても継承している旨、質問主意書の答弁により閣議決定されております。新たな検定基準は、この政府の統一的な見解そのものを必ず取り上げることを求めているというものではなくて、政府の統一的な見解に基づいた記述がされているということを求めるものでありまして、当然、政府の見解と異なる見解があるということを併記するということまで否定するということではありません。

2014年2月21日の衆院文部科学委員会

× 村山談話は閣議決定されている――下村博文文部科学相

安倍首相は２０１３年４月10日の衆院予算委員会で「〔教科書の〕検定基準においてはこの改正教育基本法の精神が生かされていない」と指摘し、教科書検定制度の見直しを検討する考えを示した。同年６月には自民党の「教科書検定の在り方特別部会」が、現行の教科書について「自虐史観に強くとらわれるなど教育基本法や学習指導要領の趣旨に沿っているのか疑問を感じるものがある」などと指摘した検定見直し案を安倍首相に提出。文科省は14年１月、教科用図書検定基準を改定し、小中高校の社会科〔地理歴史科〕教科書で「閣議決定その他の方法により示された政府の統一的な見解や最高裁判所の判例がある場合には、それらに基づいた記述」をするよう新たに定めた。

そうした一連の動きを踏まえ、戦後50年の節目に国策の誤りと植民地支配、侵略を認め、反省とおわびを表明した１９９５年の「村山談話」や、慰安婦問題について旧日本軍による直接あるいは間接の関与があったことなどを認め、おわびと反省を表明した93年の「河野談話」の取り扱いが国会で問われた。

下村博文文科相は両談話が閣議決定を経ていないとして、新しい検定基準の「政府の統一的見解にあたらない」と繰り返した。しかし、村山談話が閣議決定されていたことに気付き、４月になって訂正した。

CHECK 82

民主・辻元清美氏

河野官房長官談話に対して、安倍政権のときの閣議決定がありました。この答弁書ですよ。歴代内閣が出してきたのと同じ内容を、質問主意書だから閣議決定せざるを得ない、ただそれだけのことです。どう考えていくか。河野官房長官談話と、歴代内閣がこういうようにして官房長官談話を出しましたよという前提を、あわせてどう考えていくか。矛盾しているんじゃないですか。

安倍晋三首相

矛盾はしていません。なぜ矛盾をしていないかということについてお話をさせていただきたいと思いますが、それは、いわば歴代の内閣において答弁をしてきた。あなたは今、これはたまたま私が質問したことについて閣議決定したと。

つまり、質問主意書というのは、皆さんが出されるのは重たいんですよ、閣議決定しますから。閣議決定、全員の閣僚のいわば花押を押すという閣議決定なんです。（中略）いわばその重たい閣議決定をしたのは初めてであります。つまり、その重さの中において、では、果たしてそうしたファクトについてどうだったかということについては、今資料を出されたように、さまざまな資料があります。そういうことについては、むしろ、この場で、外交問題に発展するかもしれないという場において議論するよりも、静かな場において、ちゃんと見識を持った歴史家、専門家同士がちゃんと議論するべきだろうというのが私の考え方であります。つまり、私は、何の矛盾もしていないということは、はっきりと申し上げておきたい。

2013年3月8日の衆院予算委員会

✕ 橋本政権時代にも閣議決定――安倍晋三首相

安倍政権の外交でアキレス腱になると言われたのが歴史認識だった。安倍首相は就任前の2012年9月の自民党総裁選で、慰安婦問題を謝罪した河野談話について、「強制性があるという誤解を解くべく、新たな談話を出す必要がある」と見直しを表明。アジアの近隣諸国だけでなく、アメリカ政府からも懸念が示され、国会でも議論になった。

安倍首相は13年3月8日の衆院予算委員会で、河野談話が閣議決定されていないことを念頭に、第1次安倍政権の07年3月、「軍や官憲によるいわゆる強制連行を直接示すような記述も見当たらなかった」とする答弁書を閣議決定した重みを「初めて」と言って強調した。

ところが、橋本政権だった1997年12月にも河野談話に関して、「軍や官憲によるいわゆる〔慰安婦の〕強制連行を直接示すような記述も見当たらなかった」とする答弁書を閣議決定していた。このときは直接証拠が見つからないなかで「証言聴取なども参考に総合的に判断した結果」とし、強制性を認める姿勢も示していた。

こうした経緯を問う質問主意書が提出され、安倍政権は13年5月31日、「以前に閣議決定したことは事実」と認めたが、「安倍内閣が初めてというのは適切ではないと考えて良いか」という質問には「ご指摘は当たらない」と回答した。

CHECK 83

民進・大串博志氏

国民の生活の安心を大きく揺るがす共謀罪の問題について伺います。政府は、テロ対策だというふりをして法案に理解を求めようとしていますが、テロ対策の名前をかりて一般市民に対する権力の濫用につながりかねない共謀罪を創設しようとするのは、不誠実きわまりない態度ではありませんか。

安倍晋三首相

現在政府が検討しているテロ等準備罪は、テロ等の実行の準備行為があって初めて処罰の対象となるものであり、これを共謀罪と呼ぶのは全くの間違いです。（中略）テロが世界各地で発生し、日本人も犠牲者となる中、我が国は、東京オリンピック・パラリンピックの開催を３年後に控え、テロ対策は最重要課題の一つと認識しております。テロを防ぐためには、情報収集や捜査共助において国際社会と緊密に連携することが必要不可欠であり、既に187の国と地域が締結している国際組織犯罪防止条約の締結は、そうした協力関係を構築する上で極めて重要な前提です。開催国である我が国が、条約の国内担保法を整備し、本条約を締結することができなければ、東京オリンピック・パラリンピックを開けないと言っても過言ではありません。

2017年1月23日の衆院本会議

△テロ対策の条約をすでに13本締結——安倍晋三首相

安倍政権は2017年の通常国会に「共謀罪」の趣旨を盛り込んだ組織的犯罪処罰法改正案を提出した。13年の特定秘密保護法案の際に「特定秘密」という法案名によって反対論を高めてしまったと見る政権は、過去3度廃案になった「共謀罪」の名称を使わず、「テロ等準備罪」と命名。安倍首相は「共謀罪と呼ぶのは全くの間違い」と主張し、テロ対策を強調。「東京オリンピック・パラリンピックを開けないと言っても過言ではありません」と述べた。

法整備によって締結する「国際組織犯罪防止条約」は各国が国際組織犯罪に協力して対処するため、締約国同士の犯罪人引き渡しや捜査共助を促すもの。テロ対策として一定の有効性はあるが、元々は1990年代にマフィアによる麻薬や銃の密輸が拡大したことを背景にした条約で、対象となる犯罪は「金銭的利益その他の物質的利益を得る目的」とされている。一方、外務省によると、日本は「航空機不法奪取防止条約」「海洋航行不法行為防止条約」「人質行為防止条約」「爆弾テロ防止条約」などテロ防止の国際条約を13本結んでおり、飛行機や船の乗っ取り、爆弾を仕掛けるなどといったテロ行為をした人がテロ行為後に別の国に逃げこんでも、引き渡しをし、処罰できるような仕組みになっている。五輪に向けて、政府としてテロ対策に万全を期す意気込みは理解できるが、「テロ対策の協力関係の前提」「五輪が開けないと言っても過言ではない」というのは言い過ぎと言える。

CHECK
84,85

民進・山尾志桜里氏

2006年に共謀罪の修正案として自民党みずからが出してきたものとほとんど同じじゃないですか。同じようなものを出してきて、今度は「〔共謀罪とは〕全く違うものだ」と。私は、こういうやり方は、誠実でないし、国民に対してひきょうだと思います。

安倍晋三首相

それは全くの間違いであります。かつての共謀罪は、いわば、共謀して何人かが集まって合意に至ったらそこで共謀罪になるわけであります。今回のものは、そもそも、犯罪を犯すことを目的としている集団でなければなりません。これが全然違うんです。いわば、集団として、組織として構成されていなければいけないんです。それがまず第一ですね。

そして、もう一つ、準備を実際に行わなければ、犯罪を目的とした組織があって、それが合意をして、そして犯罪の準備をして初めてこれは罪を構成することになります。(中略)

そして、今、山尾議員がこだわっておられる前の共謀罪との違いにおいては、共謀罪というのは、まさにここで、例えば、そんな組織的なものでなくても、ぱらぱら集まって今度やってやろうぜという話をしただけでこれはもう罪になるわけでありますが、今回は、まさにそれを目的として、しっかりと目的を持って、そうした犯罪を目的とした組織ということを認定されなければならないわけであります。

2017年1月26日の衆院予算委員会

×「犯罪集団に一変したら」と説明変更――安倍晋三首相

安倍政権は、かつての共謀罪法案が「捜査当局の拡大解釈によって市民団体や労働組合も処罰対象になる」といった批判が高まって廃案になった経緯を踏まえ、「組織的犯罪集団」に対象を限定したと説明。「組織的犯罪集団」とは、懲役・禁錮4年以上の「重大な犯罪」などを目的に集まったテロ組織や暴力団、振り込め詐欺グループなどを想定しているとして、「一般の市民は対象にならない」と強調していた。

そうした主張の流れのなかで、安倍首相は２０１７年1月26日の衆院予算委員会で、処罰対象は「そもそも、犯罪を犯すことを目的としている集団でなければなりません」と述べた。

しかし、2月2日の衆院予算委員会で、金田勝年法相が正当に活動する団体について「団体の意思決定に基づいて犯罪行為を反復継続して行うようになるといったような、団体の性質が一変したと認められなければ、組織的犯罪集団と認められることはない」と答弁。性質が変われば、適用の対象になる可能性を示唆。首相の答弁との整合性が問われるなか、法務省は同月16日、「正当に活動する団体が犯罪団体に一変した場合は処罰対象になる」との見解を明らかにした。

地下鉄サリン事件を起こしたオウム真理教も宗教団体から出発しており、「そもそも、犯罪を犯すことを目的としている集団」に限定するという首相の説明には無理があった。

×過去の法案でも具体的な合意が要件――安倍晋三首相

安倍首相は２０１７年1月26日の答弁で、過去の共謀罪法案について「ぱらぱら集まって今度やってやろうぜという話をしただけでこれはもう罪になる」と説明した。

しかし、過去の共謀罪法案の審議でも政府は２００５年10月21日衆院法務委員会で「共謀の解釈としては、２人以上の者が特定の犯罪を実行する具体的な合意をすること」（法務省刑事局長）と答弁。06年5月16日衆院法務委員会でも、「共謀罪が成立するためには、漠然とした相談では足りず、これから実行しようとする犯罪の目的、対象、手段、実行に至るまでの手順等について、具体的・現実的な合意がなされなければなりません」と説明し、実行しようとする犯罪の手順等について、具体的・現実的な合意が必要だとしていた。

さらに、法案が廃案になった後に自民・公明両党が07年にまとめた共謀罪法案の修正案にも「実行に必要な準備その他の行為」が加えられていた。17年に安倍政権が提出した法案に記されている「実行行為」に類するもので、07年の修正案のときにも「犯行現場の下見をするために共犯者との集合場所に赴くためのレンタカーを予約する行為」などが例示されていた。

質問に立った民進党の山尾志桜里氏は安倍首相の「ぱらぱら」答弁に対して、「それは過去の共謀罪でも〔罪に〕ならないということは皆さん〔政府〕が繰り返し答弁されてきたことなんですね。ちょっと勉強不足だと思います」と指摘した。

Column

広がるファクトチェックの取り組み

日本でのファクトチェックは、弁護士の楊井人文《やないひとふみ》氏が2012年に日本報道検証機構を設立し、メディアの報道の正確性を検証するウェブサイト「GoHoo（ゴフー）」を立ち上げたことが、継続的な取り組みの始まりと見られている。

17年6月には、楊井氏や早稲田大学ジャーナリズム大学院の瀬川至朗教授らが中心となったファクトチェック団体「ファクトチェック・イニシアティブ」（FIJ）を立ち上げ、世界のファクトチェック関係者と交流しながら、日本国内でのファクトチェックの取り組みを支援している。

17年10月22日に投開票が行われた衆院選では、FIJの呼びかけで「総選挙ファクトチェック」を実施。立岩陽一郎氏が編集長を務めるNPO「ニュースのタネ」や米国系ネットメディア「バズフィード・ジャパン」などが参加し、安倍晋三首相の発言から野党幹部、メディアの報道まで幅広く真偽の検証結果を公表した。FIJは18年9月の沖縄県知事選でもファクトチェックを呼びかけ、新聞では「琉球新報」が参加した。

FIJでは、ニュースアプリ企業のスマートニュースや、人工知能などを専門とする東北大学大学院の研究室とも連携し、疑義のある情報を効率的に把握するシステムの開発も目指している。

CHECK 86

民進・山尾志桜里氏

1月26日の予算委員会で「そもそも、犯罪を犯すことを目的としている集団でなければなりません」と言っていた。その3週間後、オウム真理教を例に出して、「当初はこれは宗教法人として認められた団体でありましたが、まさに犯罪集団として一変したわけであります」「一変したものである以上それは対象となる」とおっしゃいました。「そもそも」発言を前提とすれば、オウム真理教はそもそもは宗教法人でありますから対象外ですね。でも、一変したら対象になるとおっしゃっています。どちらが正しいんですか。

安倍晋三首相

そもそも、「そもそも」という言葉の意味について、山尾委員は、「初めから」という理解しかない、こう思っておられるかもしれませんが、「そもそも」という意味には、これは調べてみますと……辞書で調べてみますと、辞書で念のために調べてみたんですね。念のために調べてみたわけでありますが、これは「基本的に」という意味もあるということもぜひ知っておいていただきたい。「そもそも」という意味においては、私ももちろん、それは「最初から」という意味もあれば「基本的に」と、これは多くの方々はもう既に御承知のとおりだと思いますが、山尾委員はもしかしたらそれを御存じなかったかもしれませんが、これはまさに「基本的に」ということであります。

2017年4月19日の衆院法務委員会

×「そもそも」を「基本的に」と説明する国語辞典は存在しない――安倍晋三首相

「一般の市民は対象にならない」という法案説明の骨格が揺らぎだすなか、当時民進党の山尾志桜里氏から答弁の変化をつかれた安倍首相は2017年4月19日の衆院法務委員会で、「山尾委員はもしかしたらそれを御存じなかったかもしれませんが」と質問者を皮肉りながら、「『そもそも』の意味は、辞書で調べてみたが、『基本的に』という意味もある」と答弁。政府の説明の一貫性を主張しようとした。

ところが、『広辞苑』(岩波書店)、『日本語大辞典』(講談社)、『大辞林』(三省堂)、『日本国語大辞典』(小学館)は「元来」「最初から」と説明。国会図書館に現存する国語辞典には「基本的に」と説明する辞書は一つも存在しなかった。

それでも政府は誤りを認めようとせず、5月12日には「三省堂発行『大辞林(第三版)』には、『そもそも』について、『(物事の)最初。起こり。どだい』等と記述され、また、この『どだい』について、『物事の基礎。もとい。基本』等と記述されている」とする答弁書を閣議決定した。「そもそも＝どだい＝基本」の三段論法で、答弁を正当化しようとしたのだ。

山尾氏は「政府の姿勢は、『無理が通れば道理が引っ込む』だ。放置するとウソが真実のようになってしまうので、誤りの指摘から始めなければならず、審議が深まらなかった」と指摘した。

CHECK
87

自民・石破茂幹事長

今も議員会館の外では「特定機密〔ママ〕保護法絶対阻止！」を叫ぶ大音量が鳴り響いています。いかなる勢力なのか知る由もありませんが、左右どのような主張であっても、ただひたすら己の主張を絶叫し、多くの人々の静穏を妨げるような行為は決して世論の共感を呼ぶことはないでしょう。主義主張を実現したければ、民主主義に従って理解者を一人でも増やし、支持の輪を広げるべきなのであって、単なる絶叫戦術はテロ行為とその本質においてあまり変わらないと思います。

2013年11月29日付のブログ

✕ 市民の街頭デモは非合法のテロとは異なる――自民・石破茂幹事長

２０１２年に政権復帰した安倍晋三首相を当初、幹事長として支えたのが石破茂氏だった。18年9月の総裁選では「公正　正直」を掲げて安倍首相の政治姿勢に疑問を投げかけたが、13年に特定秘密保護法案を審議していた際には、自身が問題発言を重ねた。

その最たるものが、国会周辺に集まった特定秘密保護法案への反対運動に対し、「単なる絶叫戦術はテロ行為とその本質においてあまり変わらない」と書き込んだ自身のブログだ。

暴力行為で非合法のテロとは違い、市民の街頭でのデモは法令の範囲内で認められた言論行為だ。市民の活動への無理解を批判された石破氏は「本来あるべき民主主義の手法とは異なるように思います」とブログを修正した。

また、２０１３年12月11日の日本記者クラブでの会見の質疑応答では、メディアが特定秘密を報じた場合の罰則について「最終的に司法の判断になるんだろうと思います」「それは入手されたものの内容というものによるんじゃないでしょうか」と発言。特定秘密保護法には秘密を報じた場合の罰則規定はなく、石破氏は約2時間後に「処罰の対象にはならない」と訂正に追い込まれた。

CHECK
88

民主・階猛氏

理事に辞表を提出させて、自由な発言を萎縮させるようなことをした。説明責任をちゃんと果たしていただきたい。

籾井勝人ＮＨＫ会長

私は、ＮＨＫの理事が、そういうふうな辞表を預かったことにより萎縮するとは思っておりません。我々は、やはり一丸となってＮＨＫの経営のために尽くしていかなければいけないので、こういうことは一般社会ではよくあることだと私は理解しております。

2014年2月26日の衆院予算委員会第2分科会

△自身も経験がないことを認める——籾井勝人《もみいかつと》NHK会長

2014年1月にNHK会長に就任した籾井勝人氏は就任会見で、慰安婦問題について「戦争地域にはどこにもあったと思う」と発言。2日後に発言を取り消したが、経営委員長から厳重注意を受けるなど、就任直後から言動が問題になっていた。

その籾井会長が就任初日、10人の理事全員に日付欄を空白にした辞表を提出させていたことが14年2月25日の衆院総務委員会で明らかになった。

NHKでは過去にも、インサイダー疑惑などの不祥事が続き、受信料不払いが懸念されていた福地茂雄会長時代に、就任時に理事らに要請して辞表を集めた例があるとされるが、「一般社会ではよくあることだ」という籾井氏の説明には、財界首脳からも異論・批判が相次いだ。

経済同友会の長谷川閑史《やすちか》代表幹事は「コーポレートガバナンス〔企業統治〕の問題として適切ではない」と批判。日本商工会議所の三村明夫会頭も、「自分の知る限り通常の会社では聞いたことがない」「異常な状況」と述べた。

籾井氏は3月6日の定例会見で「一般社会ではよくあること」という実例を問われ、「皆さんでお調べになったら」とはぐらかしたが、同月13日の衆院総務委員会で、今まで勤めてきた会社であったのかを問われると、「私の知っている限りにおいては、そういうことはなかった」と答弁。最終的に4月になって10人の理事全員に辞表を返却した。

CHECK 89

希望・柚木道義氏　「総理」という本が出版をされたのは、実はこの記者、著者の方が〔準強姦容疑で〕不起訴処分になる直前なんですね。普通考えたら、起訴されることがわかっていたら、出版社、私も業界にいましたからわかりますけれども、怖くて出版社は出版なんかできません。ましてや、これは表紙が安倍総理ですからね。不起訴になることを、ひょっとして、安倍総理、御存じではございませんか。

安倍晋三首相　柚木議員、常識で考えていただきたい、このように思います。まずは、そもそも総理大臣として、個別のそれぞれの事件について、知っている、知らない、中身についてどう思うかということについては一切言わないことになっているんですよ、これは常識として。それと、不起訴になっていることを私が知り得るわけがないじゃないですか。それと、基本的に、一般論で申し上げますよ。個別のことについてではなくて。一般の捜査の状況について私が一々報告を受けるということは基本的にないんですよ、これは。例えばテロ事案とかは別ですよ。そうではなくて、一般の傷害とか、それは準強姦ですか、そういう個々の事件について総理大臣が報告を受けるということはないということは、これははっきりと申し上げておきたい。その上で、常識で考えて質問していただきたいと思いますが、私が不起訴であることを知っていたからこの取材に応じたとか、それは全くそんなことはないわけでありまして、記者として、私の番記者であった者から取材をしたいということで取材を受けたことはありますよ。それ以上のものでもそれ以下のものでもないということははっきりと申し上げておきたい、このように思います。

2018年1月30日の衆院予算委員会

△結婚披露宴にも出席していた写真が存在――安倍晋三首相

２０１５年４月に元ＴＢＳワシントン支局長から準強姦被害に遭ったとして、ジャーナリストの伊藤詩織氏が17年９月、民事訴訟を起こした。伊藤氏は警察に被害届けを出したが、嫌疑不十分で不起訴処分になっていた。元支局長が安倍首相に関する著作『総理』を出していたことや、菅義偉官房長官の秘書官を務めていたこともある当時の警視庁刑事局長が逮捕状の執行を止めたことを週刊誌の取材で認めたことから、「もみ消しの疑惑がある」として国会でも取り上げられた。

安倍首相は２０１８年１月30日の衆院予算委員会で、元支局長との関係について、「私の番記者であった者から取材をしたいということで取材を受けたことはありますよ。それ以上のものでもそれ以下のものでもない」と主張した。

しかし、安倍首相の執務室での様子を収めた写真を表紙に使っている『総理』のなかでは、12年に安倍氏が自民党総裁に返り咲いた際には、菅氏が「〔元支局長の〕電話がなければ、今日という日はなかった」と語っていたことなどが明かされ、麻生太郎財務相の考えを元支局長が間に入って安倍首相に伝えた場面などが描写されている。

さらに、18年２月には写真週刊誌「ＦＬＡＳＨ」が02年に開かれた元支局長の結婚披露宴に、当時官房副長官だった安倍氏が出席していたことを写真付きで報じた。

CHECK
90

福田淳一財務事務次官

週刊誌報道では、真面目に質問をする「財務省担当の女性記者」に対して私（福田事務次官）が悪ふざけの回答をするやりとりが詳細に記載されているが、私（福田事務次官）は女性記者との間でこのようなやりとりをしたことはない。音声データによればかなり賑やかな店のようであるが、そのような店で女性記者と会食をした覚えもない。音声データからは、発言の相手がどのような人であるか、本当に女性記者なのかも全く分からない。また、冒頭からの会話の流れがどうだったか、相手の反応がどうだったのかも全く分からない。

2018年4月16日に財務省が発表した「福田事務次官からの聴取結果」

×後に「全体をみれば分かる」と開き直る――福田淳一財務事務次官

森友学園への国有地売却に関する公文書が改竄された問題が問われるさなかの2018年4月12日、財務省の福田事務次官が女性記者に飲食店で「胸触っていい？」などとセクハラ発言を繰り返したと「週刊新潮」が報じた。

「週刊新潮」は4月13日には福田氏とされる音声データもネット上に公開したが、財務省は同月16日、「女性記者との間でこのようなやりとりをしたことはない」「会食をした覚えもない」とする福田氏の聴取結果を発表。記者クラブの加盟各社に対し、女性記者が調査に協力するよう異例の要請もした。

被害者に名乗りを上げるよう求める調査方法への批判の高まりを受け、福田氏は4月18日にセクハラを認めないまま辞任表明したが、同日夜にテレビ朝日が自社の記者が被害にあったことを公表。その後、財務省に正式に抗議した。

福田氏は被害者側が名乗りを上げた後もセクハラ行為は認めていないが、「会食した覚えもない」などという当初の言い方から、「全体を見てもらえればセクハラに該当しないというのは分かるはず」と変えた。

立憲民主・尾辻かな子氏（質問主意書）

「被害者本人が名乗り出なければ明らかにならない」としたことは、被害者をさらに追い詰めることになるが、そのような認識は政府にあるか。

CHECK 91

安倍内閣

今回の調査は、福田財務事務次官（当時）の報道について事実関係を把握するための調査である。また、平成30年４月18日、調査を委託している弁護士事務所の対応方針として、「弁護士としての守秘義務を遵守し中立的な立場を貫くとともに、人権に十分配慮する。」、「女性から連絡があった場合、冒頭で、個人を特定する情報は財務省に伏せることも可能である旨を伝え、調査方法は女性の希望を尊重する。」、「女性が個人や所属社名を特定する情報を財務省に伏せることを希望する場合には、名前、所属、その他セクハラ行為の時期・場所等も含め、個人の特定に繋がる情報は、全て財務省に伝えず、当事務所内で適正に管理する。」、「基本的にはお名前を伺うこととしているが、女性が匿名を希望する場合には匿名でも情報を受け付ける。」、「基本的には面談してお話を伺うが、電話での情報提供を希望する方には電話で聴取する。」（中略）「セクハラを申告する女性本人から話を聞くこととしている。ただし、女性の代理人が弁護士及び勤務先の上司やセクハラ相談の人事担当者等であれば聴取対象とさせていただく。」及び「女性が代理人の弁護士や勤務先の上司・同僚を同伴して頂くことは差し支えない。」と公表しているところであり、御指摘のように「被害者本人が名乗り出なければ明らかにならない」としたことはない。

2018年4月27日閣議決定の答弁書

×「本人が申し出てこなければどうしようもない」と麻生氏——安倍内閣

福田淳一財務事務次官のセクハラ問題をめぐっては、財務省が記者クラブの加盟社に対し、次官からセクハラを受けた経験があれば、財務省の顧問弁護士に連絡して欲しいと調査への協力を要請した。しかし、「違和感がある」（野田聖子総務相）など与野党から批判の声があがった。調査手法を疑問視する質問主意書が出されたが、政府は「『被害者本人が名乗り出なければ明らかにならない』としたことはない」とする答弁書を閣議決定した。

しかし、麻生太郎財務相は4月17日の記者会見では次のようなやりとりをしていた。

記者　もし女性が名乗り出なければ事実の認定はしないということですか。

麻生氏　だって、一方的になったら、どうしようも取り扱いのしようがないですから、それは。（中略）状況がわかりませんから、その状況がわかるようにするために、相手の音声の持ち主、声の人が出てこなきゃいかんでしょ。その声の人たちは財務省には来にくいだろうと思ったから弁護士にということを申し上げているのだということで、本人が申し出てこなければ、どうしようもないですね。

さらに麻生氏は「セクハラという、名乗り出にくいという事情がある」と問われても、「福田の人権はなしってことなんですか？」「相手側の女性の声が知りたいわけ」と述べていた。

第五章　官房長官会見

CHECK
92

記者

民進党の蓮舫代表は「首相への忖度、首相のお友達だけに特別の配慮がなされていた疑惑が深まった」というふうに批判したほか、野党から国会での集中審議を求める声が出ていますが、こういう野党側の声とか求めについていかがお考えでしょうか。

菅義偉官房長官

何を根拠になんでしょう。全く、怪文書みたいな文書じゃないでしょうか。出どころも明確になってない。そういう文書の中で、ということでしょうか。

2017年5月17日午後の記者会見

×文書確認を阻んだ「怪文書みたいな文書」――菅義偉官房長官

2017年5月17日、安倍首相が「腹心の友」と語る加計孝太郎氏が理事長を務める加計学園が愛媛県今治市で進めている獣医学部新設に関して、内閣府の藤原豊審議官が文部科学省の職員らに「総理のご意向だ」と伝え、早期の対応を求めたとする記事を、朝日新聞が文科省の内部文書の存在とともに詳細に報じた。

その日午後の官房長官会見で、文書の真偽を問われた際、菅官房長官は「怪文書みたいな文書じゃないでしょうか」と一蹴。その後、文科省は担当課である専門教育課の共有フォルダー1個と担当の幹部職員7人からの聞き取りだけで、「文書はなかった」と結論づけた。

しかし、現職官僚などの告発を受けて、国会での追及が続き、官房長官の記者会見でも再調査を求める声が強まった。政府は再調査を行い、約1カ月後の6月15日になって「総理のご意向」と書かれた文書などが文科省内のフォルダーに残されていたことを認めた。

松野博一文科相は「前回確認できなかった文書の存在が確認できたことは大変申し訳なく、この結果を真摯に受け止めている」と謝罪した。しかし、「『怪文書』の言葉があったことで再調査への政府の流れが遅れたのではないか」と問われた菅氏は、「怪文書という言葉だけが独り歩きしたのは極めて残念だ」と述べただけで、謝罪はしなかった。

CHECK
93,94

記者　佐川理財局長の国会答弁は非常に問題視されていたわけですけども、特に政府としては国会答弁含めて佐川理財局長というのは評価しているのか。

菅義偉官房長官　そこはですね。まず適材適所。ここで行っていくことであります。また、この財務省においてですけども、公文書管理法に基づく文書管理が行われており、国会等の求めに応じて提出すべき文書は提出されていくとともに、そうした取り扱いについては本年２月以降、森友学園の国有地売却の経緯を説明する中で、説明してきたという風に思っています

記者　佐川理財局長の答弁は、財務省としての説明責任を果たしていたと。

菅官房長官　質問に対してはしっかり答えられたという風に思っています。

＊

記者　佐川理財局長のことについて、会見で何度も言っているが、佐川さんが公の場に出て、説明責任を果たすべきだと思うが、政府としては今のところ必要がないと、昨日の会見ではそう聞こえたが、そういう理解でいいのか。

菅官房長官　佐川さんが国会で何十回か何百回か答弁されてるんじゃないでしょうか。まあ、あのそれに尽きる。国会で述べたことがすべてだと思います。

93＊2017年7月4日午前の記者会見　　94＊2017年9月26日午前の記者会見

Ⅹ　隠蔽された文書や虚偽答弁が次々と発覚──菅義偉官房長官

２０１７年７月４日は佐川宣寿・財務省理財局長の国税庁長官への昇任が発表された日で、9月26日は安倍晋三首相が衆院解散を表明した翌日にあたる。

学校法人「森友学園」への国有地売却問題をめぐっては、交渉記録を「破棄」したと述べ、議員の確認にも応じない佐川氏の答弁姿勢が問題になっていたが、菅官房長官は節目の記者会見で問われるたびに、「国会等の求めに応じて提出すべき文書は提出されていく」「国会で述べたことがすべてだと思います」などと述べ、佐川氏を擁護。佐川氏を国税庁長官に昇任させる人事についても、「適材適所」と繰り返した。また、佐川氏の国会答弁に反する音声データなどが明らかになっても、就任会見すら開かず、公式の場での説明を避ける佐川氏の対応に異を唱えなかった。

しかし、18年3月以降、文書の改竄や隠蔽、廃棄などが次々と発覚。佐川氏の国会での虚偽答弁も明らかになった。

CHECK
95

記者

今回の新設判断の「保留」という結果について、「高い教員」とか「授業実施の設備が不足している」とかいろいろ各種報道でも問題が出ていたが、この点についてもしっかりしたプロセスで議論がされていなかったからこそ、この時期に「保留」という話が出てくるのではないか。本当にきっちり議論したうえで、「加計学園」と決めたのか。

菅義偉官房長官

あの、思い込みの質問はしないでください。まだ、「保留」でてないじゃないですか。現在これ、まさに大学設置・学校法人審議会において、今月中の答申を目指して審査が行われている段階であり、「保留となった」、そういう判断をしたとは聞いてません。いずれにしても、審議会においては、引き続き専門的な観点から、公平・公正な審査が行われる。このように承知しており、その結果を踏まえて、政府として適時対応する。これが当然のことじゃないですか。

2017年8月10日午前の記者会見

△8月9日の審議会で保留の方針が固まっていた――菅義偉官房長官

加計学園の国家戦略特区を活用した獣医学部の新設計画について、認可を審議する文部科学省の大学設置・学校法人審議会の判断に関するやりとりだ。

加計学園は2017年3月、文科省に獣医学部新設の計画案を提出したが、設置審の委員から「教育の質が保てない」などの意見が出た。設置審は5月、是正を求める七つの意見を加計学園に伝え、計画を見直す必要があると警告。加計学園は定員を20人減らした140人とし、教員も増やす案を新たに提出したが、設置審は8月9日に開いた非公開の会合でも、学生の実習計画が不十分で、学園側が掲げるライフサイエンスの獣医師養成には課題があるなどとして、判断を保留する方向で意見がまとまり、各社が「保留」と報道していた。仮に官房長官が「聞いてません」ということが事実であったとしても、「今月中の答申を目指して審査が行われている段階」というのはミスリードだった。

「保留」はお盆休み明けの8月25日午後に正式発表されたが、同日午前の官房長官記者会見で「学校の認可の保留という決定が出ましたが」と質問した結果、その後官邸報道室は「未確定な事実や単なる推測に基づく質疑応答がなされ、国民に誤解を生じさせるような事態は断じて許容できない」と抗議した。それは、すでに「保留」の報道はなされていたが、文科省と記者クラブの間で交わされていた「25日午後に報道解禁」という取り決めに反したことが理由だった。

CHECK
96

記者

午前中の会見で、朝日の記者が森友疑惑について追及している際に「あと何問」というお話が出まして、幹事社の記者が手を挙げている状況が分かっていながらも打ち切るという場面がありました。菅長官サイドの方から、記者クラブに対して、「あと何問」「あと何人」というような打ち切りをしてもいいかという打診をしたと聞いておりますが、これは事実でしょうか。

菅義偉官房長官

そうしたことは全くありませんし、答える必要もないことだと思います。

2017年9月12日午後の記者会見

×質問数制限を開始——菅義偉官房長官

2017年6月6日以降、平日に1日2回行われている内閣記者会主催の官房長官記者会見に東京新聞の望月衣塑子記者が参加。森友・加計問題を中心に、これまで政権が説明を避けてきた点が繰り返し問われるようになり、官房長官会見の実態に注目が集まるようになった。ネット等で「鉄壁のガースー」と呼ばれていた菅氏も「ここは質問に答える場ではない」などの珍答弁をするようになった。対応に苦慮した官邸側は8月、主催の記者会側に「公務」を理由に望月記者の質問数を制限できるような新たな運用方針を打診した。

その結果、国会出席や宮中での日程が迫っているような場合を除けば、慣例的に質問が尽きるまで行われていた官房長官会見のあり方が変化。望月記者が参加すると新しいルールを適用し、司会役の官邸報道室長が「公務があるので、今、手をあげている方、お一人様一問で御願いします」、他の記者と同じ長さかそれ以下の場合でも「質問を簡潔に御願いします」などと制限をかけるようになった。

CHECK
97

記者

人づくり革命について２兆円の財源。２兆円と表明したが、消費増税分では1.7兆円しか確保できない。取材したが、財源が確保できていない状況で２兆円ということを決めたと聞いている。3000億円をどこから持ってくるのか。

菅義偉官房長官

まずどなたがそういうことを言ったか。そういうことはあり得ません。これはあの政府で決めるわけですから、保険制度と制度改正、こういうことを総理は言われたんじゃないでしょうか。それに尽きます。

2017年9月27日午前の記者会見

✕この時点では財源は決まっていなかった――菅義偉官房長官

2017年9月の衆院解散・総選挙にあたり、安倍首相は消費税引き上げの使途を一部変更して、2兆円規模の「教育無償化」を行うことを公約に掲げた。しかし、8％から10％への消費増税で得られる財源のうち、教育に回せるのは、軽減税率分の1兆1000億円などを引いた1兆7000億円だった。「切りの良い数字」として、3000億円を上乗せした2兆円になったとされる。

菅官房長官は「財源が確保できていない」という見方に対し、「そういうことはあり得ません」と真っ向から否定したが、安倍首相も解散を表明した9月25日の記者会見では、「例えば党において、こども保険という議論もありました。保険でどれぐらい対応するのかどうかという議論もあると思います。保険ということになれば、企業の負担も出てくるということかもしれませんが、そうしたことも含めて、党内において具体的には議論していくことになると思いますが、大宗は消費税から充当していきたいと考えております」と述べた。

消費税の使途変更とは違った形で財源が固まったのは、衆院選後の17年10月27日。「3000億円程度の拠出をお願いしたい」という安倍首相の要請を経団連会長が受け入れることで決着した。その決定プロセスについては、小泉進次郎氏など自民党内からも批判が出た。

CHECK 98

記者　日本が中東への輸出を検討している航空自衛隊の新型輸送機Ｃ２について。サウジアラビアの国防省の担当者が、Ｃ２の導入に前向きな姿勢を示した上で、これからイエメン内戦などのサウジアラビア主導での連合国での使用される可能性にも言及した。他国の紛争にかかわるようなドバイへの売り込みについてどう考えているのか。

菅義偉官房長官　我が国の姿勢は、あくまでも国連憲章を遵守するとの平和国家の基本理念と平和国家としての歩みを引き続き堅持した上で、これまでも積み重ねてきた実例を踏まえて、これを包括的に整理しつつ、防衛装備の海外移転にかかる手続きが、歯止めをこれまで以上に明確にしておりまして、この原則のもとで積極的に武器輸出する方針に転換したり、輸出を大幅に解禁するということではなく、これまで以上に慎重に対応する方針には変わりはありません。それが全てです。

＊

記者　一部報道でイギリスへの原発輸出に関して、貿易保険なるものを多額の債務や事故処理等を負った場合に適用するという、国内の原発の依存度を高める一方で海外への武器輸出は積極的にやっていく。一時的に税金で補塡するという仕組みを考えるということは、政府としてはどういう見解の上、検討しているのか。

菅官房長官　まず武器輸出は考えていない。いずれにしろ、本プロジェクトに関する両国の対応でありますので、まだ何らかの方針が確定をしたということはありません。

2017年11月15日午後の記者会見　　2018年1月10日午後の記者会見

×２０１４年の閣議決定後に進んでいる——菅義偉官房長官

２０１８年１月のやりとりは記者が「原発輸出」と「武器輸出」を言い間違えた質問をあげつらって、肝心の質問には応じなかったときのものだ。では、菅官房長官が言うように「武器輸出」は本当に考えておらず、手続きも以前より厳格化されているのだろうか。

安倍政権が14年４月に閣議決定した「防衛装備移転三原則」によって、これまで日本の武器輸出に歯止めをかけてきた「武器輸出三原則」が撤廃され、国家安全保障会議（ＮＳＣ）の下で一定の審査を経れば、いわゆる「武器輸出」が原則可能となった。新三原則には、旧三原則にあった「国際紛争の助長回避」との基本理念は明記されず、「紛争当事国になる恐れのある国」という表記も外れたため、輸出禁止国は北朝鮮など10カ国のみになった。輸出の審査基準も「平和貢献・国際協力の積極的な推進に資する」場合、「わが国の安全保障に資する」場合と曖昧で、武器輸出三原則以上に厳格な仕組みとは言えない。

解禁直後から海外で行われる武器見本市にも日本の三菱重工や川崎重工などの大手防衛企業などが参加。政府からも防衛装備庁や陸上自衛隊、海上自衛隊が参加している。

英仏とのミサイル技術開発などの共同研究・開発が行われるようになったほか、「４兆２０００億円のビジネス」と言われたオーストラリアの潜水艦共同開発の受注競争への参加、マレーシアへのＰ－３Ｃ哨戒機の無償供与など、さまざまな武器輸出に向けた動きが進んでいる。

CHECK
99

記者

一昨年11月、国連人権委員のデービッド・ケイ特別報告者が菅さんや高市総務相と面会したいという時も政府側がドタキャンした経緯がある。国際的に高く評価されている方々とはきっちりと会って世界にメッセージを発信していく必要性をどの程度真剣に考えているのか。

菅義偉官房長官

まずドタキャンなんかしてません！　事実に基づいて質問してください。以上です。

2018年1月16日午後の記者会見

×２０１５年12月の国連人権特別委員との会談をキャンセル――菅義偉官房長官

国連の「表現の自由」に関する特別報告者のデービッド・ケイ氏は、２０１５年12月１日から８日まで日本の公式訪問調査を予定。ケイ氏は前任の特別報告者が「国民の知る権利や報道の自由を脅かす危険性がある」として強い懸念を表明し、日本政府に再考を求めた特定秘密保護法や、日本の報道や表現の自由に関する調査に意欲を示していた。

ところが、日本政府は来日の２週間前になって、「政府関係者への会議が調整できず、会えない」と16年秋まで延期するようケイ氏に求めた。日本政府は民主党政権だった11年、「国連の特別報告者のいかなる調査も受け入れる」と国際社会に表明している。外務省は一旦受け入れた訪問を直前にキャンセルした理由について「予算編成などのため万全の受け入れ態勢が取れず、日程を再調整する」と説明したが、外務省にはその間も要人が多数訪れているうえ、予算編成期間を大きく超える延期を求めた理由は不明だった。

ケイ氏は11月18日付のツイッター上で日本政府が直前にキャンセルしてきたとして、「残念だ」とつぶやいたが、これがリツイートされ、国際的にも日本政府の対応が問題視された。

その後、ケイ氏は外務省などと調整のうえ、16年４月に来日し、約１週間にわたりヒアリングを行った。その際にも、テレビ局の電波停止処分に言及した高市早苗総務相（当時）との面会を再三求めていたが、国会会期中などを理由に断られた。

CHECK 100

記者

観光需要の恩恵をうけにくい地域があるなど県内には格差があるようで。また、先般の米軍ヘリの事故をはじめ、沖縄基地問題も依然抱えているわけですけれども、沖縄の基地負担軽減について政府の所見を改めてお願いいたします。

菅義偉官房長官

振興については、仲井眞知事当時に、予算については3000億円を超えるというですね、ことを約束をしております。そうしたことは、しっかりと守りながら、そして基地負担軽減についてもですね、昨年は北部訓練場、正式に引き渡しをされました。沖縄県の全、この基地の約２割にあたるわけであります。さらに安倍政権発足直後に来られた総理とオバマ大統領のですね、会談の中で、沖縄の人口の８割が県民の住んでおられます嘉手納以南の基地、これについても７割返還をされるめどというものをつけております。こうしたことを一日も早く、その返還を出来て、沖縄県民のみなさんにとって目に見えるような形で負担軽減になっているなということを進めていきたいと思いますし、また、辺野古埋め立て、仲井眞知事から許可を頂いて今埋め立てを行っております。沖縄県におります米軍２万8000人のうち、約9000人の海兵隊が海外に転出することになっておりますから、この辺野古建設というものをしっかりと前に進めて完成をし、できる限りの負担の軽減に務めていきたいという風に思います。

2018年1月19日午後の記者会見

△「嘉手納以南」の7割が返還されても、その多くは「県内移設」の条件付き――菅義偉官房長官

沖縄県には総面積1万8822ヘクタール、32の米軍専用施設がある。県の総面積の約8%にあたり、人口の9割以上が住む沖縄本島では約15%を占める。2017年3月現在、全国の米軍専用施設のうち沖縄に集中する割合は約70・4%。沖縄が本土復帰した1972年時点では58・7%で、基地の整理縮小が進んだ本土との差が開いたままだ。

日米両政府は13年4月、普天間飛行場を含む嘉手納以南の計1048ヘクタールの返還で合意した。

しかし、返還計画の多くは「県内移設」という条件付きだ。沖縄県によると、県内移設の条件がないものは、キャンプ瑞慶覧《ずけらん》の西普天間住宅地区、牧港補給地区の北側進入路、牧港補給地区の第5ゲート付近の区域の計55ヘクタールに過ぎない。菅官房長官が指摘する数字は事実だが、都合良くデータを切り出している。

米軍兵による少女暴行事件を受け、1996年当時に県内移設の条件付きで返還を推進した元米国防長官のウィリアム・ペリー氏は、17年9月、21年ぶりに沖縄を訪問し、沖縄の地元紙などの取材に応じ、「状況が前進するどころか、毎年悪化していったことは謝罪したい」と述べた。「北朝鮮などへの抑止力は、日本国内の複数の基地で満たされるべきで、沖縄の地理的位置が特別なわけではない」とも語っている。

おわりに　真の「国難」に陥らないために

安倍晋三首相が、テレビ中継された党首討論会で報道の「ファクトチェック」を呼びかけた2017年の衆院選のことです。

ミサイル発射などで北朝鮮情勢が緊迫するなか、野党が求めていた臨時国会での論戦も行わずに衆議院選挙を行う必要がなぜあるのか――。「国難突破解散」の理由を記者会見で問われた安倍首相は、「民主主義の原点である選挙」など、一つの質問への答弁で4回も「民主主義」という言葉を繰り返しました。

安倍首相の強調した「民主主義」。その土台が新たな脅威にむしばまれています。事実に基づかない情報です。

ドナルド・トランプ氏が当選した2016年の米大統領選や、EU（欧州連合）離脱を決めた英国の国民投票では、政治に関する誤った情報が投票結果に影響を及ぼしたと言われています。私が大阪に勤務していた2015年、「大阪都構想」をめぐって大阪市内で行われた住民投票でも、賛成・反対双方からさまざまな言説が飛び交いました。

事実に基づかない情報によって有権者の判断がゆがめられないような環境をつくることがメディアの今日的な責務と思い、朝日新聞では16年秋から米メディアで行われている「ファクトチェック」を導入。私も初期メンバーの一人として取り組んできましたが、このたび、東京新聞の望月衣塑子記者と共同で、6年あまりの安倍政権下で行われた日本政治の議論を「ファクトチェック」の手法で検証してみることにしました。

ファクトチェックは政権批判の道具ではありません。与党も野党も対象とし、意見の善し悪しの評価ではなく、発言が事実に基づいているかどうかを検証していく作業です。主に党首級が議論を闘わせる衆参両院の予算委員会や重要法案を審議する特別委員会での発言を対象にしましたが、結果的に浮かび上がったのは、安倍政権中枢の、断定調の発信の危うさでした。

「福島第一原発についてはコントロールされている。全く問題ない」
「〔安全保障関連法に関して〕説明は全く正しいと思いますよ。私は総理大臣なんですから」
「共謀罪と呼ぶのは全くの誤りだ」

その最たるものが、公文書に首相夫人の言動に関する記載があるにもかかわらず、首相が国会答弁で潔白を断言した森友学園問題でした。

事実を無視した断定調の発信のひずみは、日本の統治機構にも大きなひずみをもたらしています。公文書改竄を苦にした近畿財務局の職員が自殺に追い込まれたことがその象徴です。事実に基づく行政という当たり前の営みを目指した職員が、なぜ苦しまないといけなかったのでしょうか。また、「無理が通れば道理が引っ込む」ような強弁によって、真相の解明やフェアな議論を望む野党やメディアには「また水掛け論」という無力感が植え付けられています。その結果、民主主義を支える機能が次々と壊されているのです。トランプ大統領が「フェイクニュース」を連発するアメリカの状況は、対岸の火事ではありません。

この本の印税の一部は、ファクトチェックを推進する団体に寄付する予定です。私たちも記事や記者会見での質問で時折、事実関係を誤ることがあります。まだ日本では緒に就いたばかりのファクトチェックの実践本として未熟な部分もあるでしょう。しかし、この本をきっかけに、事実に向き合うという基本に立ち返り、いったい何が正確な情報かわからないという真の「国難」に陥らせない取り組みが広がることを願っています。

２０１８年11月7日　新聞労連中央執行委員長　南　彰

（前・朝日新聞政治部記者）

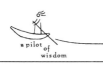

南 彰（みなみ あきら）

一九七九年生まれ。二〇〇八年から朝日新聞東京政治部、大阪社会部で政治取材を担当。政治家らの発言のファクトチェックに取り組む。二〇一八年秋より新聞労連に出向し、中央執行委員長をつとめる。

望月衣塑子（もちづき いそこ）

一九七五年生まれ。東京新聞社会部記者。二〇一七年、平和・協同ジャーナリスト基金賞奨励賞受賞。著書に『新聞記者』等。共著に『権力と新聞の大問題』等。

安《あ》倍《べ》政《せい》治《じ》 100のファクトチェック

集英社新書〇九六一A

二〇一八年一二月一九日 第一刷発行
二〇一九年 七 月一〇日 第三刷発行

著者……南《みなみ》 彰《あきら》／望月衣塑子《もちづきいそこ》
発行者……茨木政彦
発行所……株式会社集英社
東京都千代田区一ツ橋二-五-一〇 郵便番号一〇一-八〇五〇
電話 〇三-三二三〇-六三九一（編集部）
〇三-三二三〇-六〇八〇（読者係）
〇三-三二三〇-六三九三（販売部）書店専用

装幀……原 研哉 組版……MOTHER
印刷所……大日本印刷株式会社 凸版印刷株式会社
製本所……加藤製本株式会社

定価はカバーに表示してあります。

ISBN 978-4-08-721061-3 C0231

Printed in Japan

a pilot of wisdom